Eckehard Korthals

CHARLES III.

Die Deutsche Bibliothek verzeichnet diese Publikation in der Deutschen Nationalbibliografie; detaillierte bibliographische Daten sind im Internet abrufbar über **www.dnb.ddb.de**.

Das Verzeichnis lieferbarer Bücher (VLB), die umfangreichste Datenbank für den deutschsprachigen Buchhandel, verzeichnet diese Publikation im entsprechenden Sachgebiet; detaillierte Bestell-Daten sind im Internet abrufbar über **www.vlb-katalog.de**

ISBN 978-3-910348-07-3

Satz,Layout:	Buchverlag König Greiz, Layoutstudio, GEK
Titelbild:	Foto oben: Charles und Diana in Brisbane im Jahr 1983 (Foto: Queensland State Archives), Foto unten: Auf dem berühmten Balkon des Buckingham Palace verabschiedeten sich Charles & Camilla von den jubelnden Menschen (Foto: Department of Culture, Media und Sport, Isaac Mayne).
Umschlaggestaltung:	Buchverlag König Greiz, Layoutstudio, GEK
Druck u. Verarbeitung:	TOTEM digital printing, Inowroclaw, Polen

Eckehard Korthals

Charles III.

Vom umstrittenen Kronprinzen zum altersweisen britischen König

KÖNIG

Vorwort

Die Biographie „Charles III." ist die Fortsetzung des Buches „Die Windsors - die deutschen Wurzeln des britischen Königshauses von Georg I. bis Elizabeth II.", das ebenfalls im Buchverlag König (Greiz, 2011) erschienen ist. Der Autor hat zuvor im selben Verlag eine kritische Biographie über den letzten deutschen Kaiser „Wilhelm II." (Greiz, 2010) veröffentlicht.

Auch in diesem neuen Buch, „Charles III.", geht es nicht um die apologetische Schönfärberei der britischen Monarchie, sondern u. a. um einen König, der anno 1997 nach dem Tod von Princess Diana als Prince of Wales mitschuldig daran war, dass das Ansehen des britischen Königshauses einen absoluten Tiefpunkt erreicht hatte.

Der Autor beschreibt aber auch den Aufstieg und unglaublichen Übergang von einem der verhasstesten Royals der britischen Geschichte zu einem gereiften Monarchen: Vom Dunkel zum Licht. Per aspera ad astra! (Wörtlich: Über rauhe Pfade zu den Sternen!)

Inhaltsverzeichnis

1. Kapitel
Die Kindheit des Kronprinzen

Charles III. wurde am **14. November 1948** im Buhl Room von **Buckingham Palace** geboren, fast ein Jahr nach der Heirat der **Kronprinzessin Elizabeth** mit dem **Marineoffizier Philip Mountbatten**. Es war 21.14 Uhr, als Philip die Nachricht erhielt. Er spielte gerade Squash mit seinem Freund Michael Parker und rannte jetzt in den Buhl Room, um das Baby zu besichtigen und seine Frau zur Geburt des Kindes zu beglückwünschen. ***„It`s a boy!“*** riefen sich die Bediensteten im Buckingham Palace zu. Der Pressesekretär des Königs George VI. begab sich an die Umzäunung des Palastes und heftete folgende Bekanntmachung an das Gitter: ***„Her Royal Highness, the Princess Elizabeth, Duchess of Edinburgh, was safely delivered of a Prince at 9 o`clock this evening. Her Royal Highness and the infant Prince are both doing well.“*** (Ihre Königliche Hoheit, Prinzessin Elizabeth, Herzogin von Edinburgh, ist heute Abend um 9 Uhr sicher von einem Prinzen entbunden worden. Ihre Königliche Hoheit und der kleine Prinz sind wohlauf).

Vor dem Buckingham Palace hatten sich bereits Tausende versammelt und jubelten *„It`s a boy!“* Bis spät in die Nacht hinein sangen sie: ***„For he`s a jolly good fellow.“***

Es sollte vorläufig das letzte Mal sein, dass der zukünftige Thronfolger in einem königlichen Palast zur Welt kam. Im Jahre **1982** wurde **Prinzessin Diana** im Privatbereich eines öffentlichen **Krankenhauses** (nahe Paddington Station / London) von **Prince William** entbunden. Dieser wiederum trat anno **2013** mit dem **Baby George** im Arm vor dem Portal desselben Hospitals publikumswirksam vor die Kameras.

König George VI. und Queen Elizabeth, die anfangs heftig gegen die Heirat der jungfräulichen „Lilibet“ mit dem leichtlebigen, feschen, halbdeutschen Marineoffizier Philip waren, begrüßten jetzt am 14. November 1948 doch noch freudig die unerwartete Geburt eines Jungen. Sie hatten fest mit einem Mädchen gerechnet und nicht so pünktlich ein Jahr nach der Hochzeit. Sie hatten drei Jahre gebraucht, bis mit der Geburt von „Lilibet“ ihre Bemühungen

Princess Elizabeth und Prince Philip im Jahre 1948 mit ihrem Erstgeborenen, dem Baby Prince Charles (Foto: Sammlung Eckehard Korthals).

durch künstliche Befruchtung und Kaiserschnitt von Erfolg gekrönt waren (siehe Kitty Kelley: „Die Royals“, 1977).

Der neue Erdenbürger wurde nicht nur im Vereinigten Königreich, sondern rund um die Welt in allen Commonwealth-Staaten mit Glockengeläut, Jubelfesten, Salutschüssen und Feuerwerk begrüßt. Tausende Glückwunschtelegramme, Briefe und Geburtstagskarten trafen stündlich im Buckingham Palace aus aller Welt ein. Es mussten Aushilfskräfte eingestellt werden, um die Unmengen von Gratulationspost zu beantworten. Prince Philip, der überglückliche Vater, schickte sofort ein Telegramm mit der frohen Botschaft an seine 63-jährige deutsche Mutter, **Alice von Battenberg**, nach Griechenland. Sie war die Schwester seines Onkels **Dickie Mountbatten**, der ihn nach der Trennung seiner Eltern in seine Obhut genommen und ihm seinen Nachnamen gegeben hatte.

Am **15. Dezember 1948** wurde das königliche Baby im **White & Gold Room** von **Buckingham Palace** nach anglikanischem Ritus getauft und **Charles, Philip, Arthur, George** genannt. Einige Kritiker fanden den Namen Charles höchst unpassend, denn er war in der englischen Geschichte mit vielen unschönen Konnotationen verbunden. **Charles I.** wurde anno **1649** nach der Errichtung der puritanischen Republik unter Oliver Cromwell hingerichtet. **Charles II.** (reg. 1660-1685) erwies sich nach der Restauration der Monarchie im Jahre **1660** als ein **heimlicher Papist** mit einer Vielzahl an **Mätressen** und mindestens **56 unehelichen Kindern**, die alle keinen Anspruch auf den Thron hatten, auch der protestantische Herzog von Monmouth nicht, der von dem katholischen James II. (reg. 1685-1688) hingerichtet wurde. Der schottische Nationalheld **Bonnie Prince Charlie** musste nach der verlorenen Schlacht von **Culloden 1746** auf dramatische Weise nach Frankreich fliehen und starb im römischen Exil.

Onkel Dickie und Philip Mountbatten gingen davon aus, dass mit der Geburt von Charles das **Haus Windsor** durch das **Haus Mountbatten** (ebenso wie das **Haus Hannover 1841** durch das **Haus Coburg-Sachsen-Gotha**) abgelöst werde. Aber der anglisierte Name Mountbatten klang noch zu sehr nach **Battenberg**. Der Hass gegen die Deutschen war noch so kurz nach dem Zweiten Weltkrieg zu groß. Nie hätten Churchill, George VI. und Queen Mum (Elizabeth), die Philip spöttisch „The Hun“ (Schimpfwort für die Deutschen im Ersten Weltkrieg) nannte, eine Namensänderung zugelassen. Die Witwe von George V., Queen Mary (Teck), die sich trotz ihrer deutschen Wurzeln englischer gab als jeder Brite und deren Gemahl 1917 das Haus Coburg-Sachsen-Gotha in Windsor umbenannt hatte, war empört: Wie könne Philip, dieser *„junge Narr“* (young fool), auf den Gedanken kommen, dass seine Kinder einmal Mountbatten heißen sollten. Auf Betreiben von Churchill musste Elizabeth II. nach ihrer Thronbesteigung 1952 feierlich erklären, dass sie und ihre Kinder als das Haus und die Familie Windsor benannt und betitelt werden sollten. ***„I thereby declare my Will and Pleasure that I and my children shall be styled and known as the House and Family of Windsor.“***

Die königliche Familie im Jahre 1950 - v. l. Prince Charles im Alter von zwei Jahren, Queen Elizabeth, Princess Elizabeth, Prince Philip, King George VI., Princess Margaret und im Kinderwagen Princess Anne (Foto: Sammlung E. Korthals).

Prince Philip schmollte und sagte auf seine sarkastische Weise: *„Ich bin nichts anderes als eine verdammte geschlechtslose Amöbe“* (bloody amoeba). ***„Ich bin der einzige Mann im ganzen Land, der seinen Kindern nicht den eigenen Nachnamen geben darf.“***

Erst später gab Elizabeth II. nach. **Prince Edward** und **Sophia Rhys Jones** z. B. durften ihre **2003** geborene Tochter Louise und den **2007** geborenen Sohn James **Mountbatten-Windsor** nennen, ebenso wie Harry & Meghan ihre Kinder Archie (geb. 2019) und Lilibet (geb. 2021).

Im Juni **1994** gab der Kronprinz dem bekannten Fernsehjournalisten **Jonathan Dimbleby** ein Interview, das dieser in seinem Buch „The Prince of Wales“ verarbeitete. Prince Charles brach im Fernsehen mit dem Verhaltenscodex eines Royals: *„Never complain! Never explain!“* Er beklagte sich hier über seine ***„unglückliche Kindheit“*** und machte dafür die Herzlosigkeit und Gefühlskälte seiner Eltern verantwortlich, die ihn vernachlässigt hätten. Seine Mutter, **die Queen *„was not amused“*** und sein Vater meinte ***„We did our best!“*** Er hielt den *„Prince of Wails“* (Prinz des Wehklagens) für einen Jammerlappen. **Margaret Rhodes**, die Verwandte und enge Vertaute von Queen Mum, sagte dem Autor Gyles Brandreth: ***„Philip kann nicht näher an Charles herankommen. Vielleicht lernst Du es nie, Liebe zu geben, wenn Du sie selbst nie erfahren hast.“*** *(„Philip can`t bring himself close with Charles. Perhaps you don`t learn to give love if you haven`t had love.“)* (Gyles Brandreth: „Charles & Camilla“, 2006). Philip, der bereits als Zehnjähriger, von seinen Eltern getrennt, hauptsächlich unter der Obhut von seinem Onkel Louis Mountbatten (Dickie) aufwuchs, hatte in seiner Kindheit mütterliche Liebe wie William und Harry durch Diana nie erfahren. Auch Elizabeth II. war als Kleinkind von einer **„Nanny“** erzogen worden, die ihr erst das Wort „Mummy“ beigebracht hatte. Die Eltern, George V. und Queen Mary kümmerten sich wegen einer monatelangen Empire-Tour nicht ums Baby. Lilibet sprach schließlich alle Fremden mit **„Mummy“** an, weil sie diesen Begriff nicht mit ihrer eigenen Mutter identifizierte.

Charles beklagte sich über seine Eltern, aber umgekehrt beklagte sich sein Sohn **Harry** in seiner Autobiographie **„Save“ (2023)** über die **Gefühlskälte** und Verständnislosigkeit seines **Vaters**, der

Der neunjährige Prince Charles, der wegen seines pummeligen Aussehens schon nach den ersten Schulbesuchen „Fatty“ genannt wurde, neben Princessin Anne am Klavier und den Eltern im Hintergrund im Jahre 1957 (Foto: Wikipedia).

nie, wie in adligen Kreisen üblich, die aufopfernde, selbstlose Liebe einer Mutter wie Prinzessin Diana, seiner Ehefrau, nachempfinden konnte.

Die Kronprinzessin Elizabeth hatte noch vor der Geburt von Charles im Oktober 1948 erklärt, sie wolle *„die Mutter ihres Kindes und nicht die Amme“* sein *(„I`m going to be the child`s mother, not the nurse“)*. Ihr Versprechen aber hat sie nicht einhalten können. Sechs Wochen lang gab sie dem Baby die Brust, dann musste sie krankheitshalber damit aufhören, um es nicht anzustecken. Sie liebte ihren Sohn, badete ihn gelegentlich, aber die unangenehmen Dinge, die mit der Babypflege zusammenhingen (Windeln wechseln, Popo abwischen) überließ sie den Kindermädchen **Helen Lightbody**, **Marbel Anderson** und später der Gouvernante **Katherine Peebles** (Mispy). Bevor Prince Philip und Princess Elizabeth im Juli 1949 ins Clarence House zogen, wurde das Baby im **Windlesham Moor-Landhaus** (in Surrey, südlich von Windsor) untergebracht. Weil Prince Philip seinen Dienst in der Navy ableisten musste und Princess Elizabeth häufig den todkranken Vater George VI. vertreten durfte, kamen die Eltern erst am Wochenende zu Besuch.

Aber schließlich kritisierten einige Boulevardblätter doch zu Recht, dass Elizabeth eine **Rabenmutter** sei und Charles zu häufig allein gelassen werde.

Prince Philip, der nicht untätig im renovierten **Clarence House** herumsitzen wollte, ließ sich im **Oktober 1949** nach **Malta** versetzen. Sein Vormund, Onkel Dickie (Louis Mountbatten), der Vizebefehlshaber der englischen Mittelmeerflotte, beauftragte ihn mit dem Kommando über die **Fregatte „HMS Magpie“**. Die liebeshungrige Elizabeth folgte ihm am 20. November 1949 (Hochzeitstag) und ließ Charles sechs Tage nach seinem ersten Geburtstag allein. Sie verlängerte ihren flitterwochenähnlichen Urlaub bis über Weihnachten hinaus. Der kränkliche George VI. und Queen Mum, die Charles ein Leben lang mehr liebte als seine Mutter, nahmen das Kind zu Weihnachten mit nach Sandringham. Von März bis Mai 1950 flitterte die Kronprinzessin schon wieder auf Malta. Zwei Monate nach der Geburt von Princess Anne am **15. August 1950** weilte Elizabeth von November an für **drei Monate auf Malta**, ohne sich um die beiden kleinen Kinder zu kümmern. Ihre spätere Schwiegertochter Diana wäre entsetzt gewesen. Prince Charles hatte nie eine echte mütterliche Fürsorge gekannt, obgleich die Kinder, wie in adligen Kreisen üblich, von den Nannies mustergültig versorgt wurden.

Als Elizabeth nach ihrer langen Abwesenheit aus Malta zurückkehrte, erledigte sie zuerst ihre Korrespondenz im Clarence House, besuchte dann ein Pferderennen, bevor sie sich nach fünf Tagen kurz ihren Sohn vorführen ließ.

Nachdem Prince Philip im Jahre 1951 seinen Posten bei der Marine aufgegeben hatte, begab sich das Prinzenpaar (Philip & Kronprinzessin Elizabeth) auf eine dreimonatige Auslandsreise durch Kanada und die USA. Sie sollten dabei den todkranken George VI. vertreten, der sich diese Strapazen nicht mehr zutraute. Deshalb wurde der **dritte Geburtstag** von **Prince Charles ohne seine Eltern** in **Sandringham** gefeiert. Vor seinem Tod hatte George VI. ein Jahr später sogar noch ein Foto mit dem kleinen Charles auf dem Sofa machen lassen. Im Januar 1952 brachen Elizabeth und

Gespielte Familienidylle für die Öffentlichkeit im Jahre 1960 - v. l. Princess Anne, Prince Philip, Prince Andrew, Queen Elizabeth II. und der zwölfjährige Prince Charles (Foto: Sammlung E. Korthals).

Philip zu einer fünfmonatigen Reise nach Australien und Neuseeland auf, die mit einem Zwischenaufenthalt in **Kenia** begann und durch den nicht ganz unerwarteten **Tod von George VI.** am **6. Februar 1952** vorzeitig beendet werden musste. Elizabeth II. war jetzt die neue Königin nach dem Leitspruch: ***„The King is dead, long live the Queen!“*** Queen Mum Elizabeth, zu der Charles eine innigere Beziehung hatte als zur eigenen Mutter, überlebte ihren Ehegatten, der im Alter von 56 Jahren gestorben war, um 50 Jahre. Sie stieg auf zum beliebtesten Mitglied der königlichen Familie Windsor. Nach der Thronbesteigung widmete die 26-jährige Queen Elizabeth ihre volle Schaffenskraft der Erfüllung ihrer royalen Verpflichtungen. Die Familie kam erst an zweiter Stelle.

Sie hatte keine Zeit für lärmende, undisziplinierte Kinder, die sie bei der Arbeit störten. Sie sah den fünfjährigen Charles morgens kurz zwischen 9.00 und 9.30 Uhr. Der Prinz musste sich vor seiner Mutter verbeugen, den Blick senken, sich ruhig verhalten. Sie war ja kein normaler Mensch, sondern „die Königin von Gottes Gnaden“ (DEI GRATIA), der man mit Ehrfurcht begegnen musste. Auf allen Münzen erschien jetzt ihr Konterfeit mit Elizabeth II. D.G.REG.F.D. am Rand (Elizabeth II. **D**ei **G**ratia **R**egina **F**idei **D**efensor = Königin von Gottes Gnaden, Verteidigerin des Glaubens).

Nie hat Elizabeth ihren Sohn herzlich in die Arme genommen und geknuddelt. Dazu war sie viel zu reserviert: „cool, calm and collected“ (kühl, ruhig und gefasst). Nie spielte sie auf dem Fußboden mit den Kindern (Charles, Anne, Andrew, Edward) wie etwa ihre Schwiegertochter Diana mit William und Harry.

Charles hatte seine Eltern oft monatelang nicht gesehen. Als Queen Elizabeth II. von der sechsmonatigen Australien- und Neuseelandreise 1954 zurückkam, durfte der kleine Prinz nicht zur Begrüssung am Pier auf seine Mutter zustürmen und sie umarmen. Nein, er musste sich mit seiner Nanny diszipliniert in die Warteschlange der die Queen begrüßenden Würdenträger einordnen. Als er an der Reihe war, schüttelte seine Mutter ihm kurz die Hand wie allen anderen auch. Die reservierte, kühle Monarchin von Gottes Gnaden küsste und umarmte ihren Sohn in der Öffentlichkeit nicht.

2. Kapitel
Die schulische Entwicklung des Kronprinzen

Prince Charles entwickelte sich zu einem schwächlichen, ängstlichen Knaben, der von Minderwertigkeitskomplexen wegen seiner X-Beine, seiner Plattfüße, seiner langen Nase und vor allem seiner abstehenden Ohren geplagt war und der häufig an Asthmaanfällen und Erkältungskrankheiten litt. Prince Philip versuchte, aus ihm einen Mann zu machen, indem er ihm das Schießen, Reiten, Jagen und Polo beibrachte. Er war der Meinung, dass die Nannies, Privatlehrerinnen und homosexuellen Diener seinen Sohn verweichlicht hätten. *„Nichts als Kindermädchen, Gouvernanten und Schwuchteln“*, sagte er in seiner sarkastischen Art und setzte sich bei seiner Frau dafür ein, dass Charles auf eine ordentliche Privatschule geschickt wurde. Hier sollte er durch einfache, spartanische Kost, kalte Duschen, eiserne Bettgestelle wie in primitiven Jugendherbergen, ganzjährig geöffnete Schlafzimmerfenster, zugige Korridore, abhärtenden Sport und körperliche Züchtigung zu einem Gentleman erzogen werden, der *„Schmerzen und die Widerwärtigkeiten des Lebens mit zusammengebissenen Zähnen erträgt“* ***(„to bear pain and discomfort with a stiff upper-lip“)***. Dafür schien dem Herzog von Edinburgh die **Internatsschule Cheam in Hampshire**, die als **„preparatory school“** auf die Höhere Schule vorbereiten soll und die er selber besucht hatte, am geeignetsten. Prince Charles war gerade einmal **fünfeinhalb Jahre alt**, als er im **September 1957** Clarence House verlassen musste. Er fühlte sich hier in dieser privaten Grundschule todunglücklich. Charles sollte so behandelt werden wie alle anderen Schüler aus adligen und gutbürgerlichen, neureichen Kreisen. Da er ein wenig pummelig war, wurde er gehänselt und *„fatty“* genannt. Er wurde einmal sogar zum Direktor beordert und mit dem Rohrstock gezüchtigt, weil er sich mit einigen Schülern, die ihn beleidigt hatten, geprügelt hatte. Charles erklärte später, die Prügelstrafe habe ihm gut getan. Besonders peinlich war es für den Knaben, als er mit einigen Mitschülern zum Direktor zitiert wurde, um im Fernsehen mitzubekommen, dass die Queen ihn 1957 zum „Prince of Wales“ ernannt hatte. (Die feierliche Investitur fand erst 1969 im Carnaervon Castle in Wales statt).

Von **1962 bis 1967** wurde Prince Charles auf die private Höhere Internatsschule **Gordonstoun** nahe am Moray Firth nördlich von Elgin geschickt (nicht zu verwechseln mit Gordonstown weiter östlich im Landesinneren), weil sein Vater diese bereits 1938 mit grossem Erfolg absolviert hatte. Im Jahre 1933 hatten seine Onkel George Mountbatten, Marquis of Milford Haven, und Louis Mountbatten, Earl of Burma, Brüder von Philips deutscher Mutter Alice Battenberg, sich des von den in Trennung lebenden Eltern alleingelassenen Neffen Philip angenommen und ihn auf das „Kurt-Hahn-Landerziehungsheim“ in **Salem** am Bodensee geschickt. Das Internat befand sich im Schloss des Markgrafen Berthold von Baden, dem Sohn des letzten Kanzlers Max von Baden unter Wilhelm II., der Philips Schwester **Theodora** (1906-1967) geheiratet hatte. Als

Prince Charles besuchte die internationale schottische Privatschule Gordonstoun, die für ihn anfangs *„die Hölle“* war, in den Jahren 1962 bis 1967 (Foto: Anne Burgess).

Kurt Hahn wegen seiner jüdischen Abstammung Deutschland 1933 verlassen musste, gründete in Schottland die berühmte Privatschule Gordonstoun. Philip folgte seinem großen Lehrer nach Schottland und besuchte das Internat von 1933 bis 1938. Hier legte man mehr Wert auf Charakterbildung und körperliche Ertüchtigung als auf das Paukwissen an deutschen Gymnasien (mens sana in corpore sano, ein gesunder Geist in einem gesunden Körper).

Für Philip konnte es keine bessere Schule geben, für Charles war das Internat mit 400 Schülern anfangs einfach die Hölle. Morgens mussten die „Insassen" in aller Frühe aufstehen und auch bei dem scheußlichen schottischen Regenwetter eine Runde um das Schulgebäude drehen. Dann erst durften sie nach dem Laufen kalt duschen. Die Nächte auf dem harten Holzpritschen und das Schlafen bei stets geöffneten Fenstern, die Schikanen durch seine Mitschüler, die nächtlichen Kissenschlachten in den ungemütlichen Schlafsälen waren für Charles ein einziger Albtraum. Es erinnerte an ein TV-Dschungelcamp in der Gegenwart mit dem Hilferuf *„Holt mich hier raus!"* Prince Charles schrieb nach Hause: *„Ich bekomme hier heutzutage überhaupt keinen Schlaf mehr. Die Leute in meinem Schlafsaal sind ekelhaft. Verdammt nochmal, sind die widerlich! Ich weiß nicht, wie jemand so gemein sein kann. Sie werfen die ganze Nacht ihre Slipper* (nach mir) *und schlagen mich so hart sie können, dann huschen sie wieder zurück so schnell sie können und wecken alle anderen im Schlafsaal auf.* ***Die letzte Nacht war die Hölle, buchstäblich die Hölle. Ich wünschte, ich könnte nach Hause."*** *(„I don`t get my sleep at all nowadays. The people in my dormitory are foul. Goodness they are horrid. I don`t know how anybody can be so foul. They throw slippers and hit me as hard as they can, then beatle back again as fast as they can, waking everyone else in the dormitory at the same time.* ***Last night was hell, literal hell. I wish I could come home."****)* (Zit. nach Gyles Brandreth: „Charles & Camilla". London, 2006).

Auch wenn Charles anfangs von seinen Mitschülern drangsaliert, nachts bei Kissenschlachten geschlagen und beim sogenannten „Rugby-Scrum" absichtlich getreten wurde und seine Eltern anflehte, ihn nach Hause zu holen, kannten diese „Rabeneltern" kein Erbarmen. Sein Vater riet ihm, sich im Notfall an den Verwalter von Balmoral zu wenden, das ja nicht allzuweit von Gordonstoun entfernt lag. Wenn seine geliebte **Großmutter Queen Mum Elizabeth in Balmoral** (d. h. Birkhall im Sicherheitsbereich des Schlosses) weilte, weinte er sich an ihrem Busen aus. Sie umarmte ihn liebevoll und tröstete ihn. Auch seine Mutter hatte gemerkt, dass Charles vor Angst zitterte, wenn die Schulferien zu Ende waren und er nach Gordonstoun musste. Aber allmählich setzte sich Charles seinen Mitschülern gegenüber durch, zum Teil dank einiger hervorragender Kurt-Hahn-Pädagogen. Besonders der junge Lehrer **Eric Anderson**, der später Direktor von Eton wurde, hatte das Interesse und Talent des Prinzen an Aufführungen von Shakespeare-Dramen, an Verständnis für klassische Literatur und Musik geweckt. Er förderte seine gepflegte englische Bühnenaussprache und verhalf ihm zu mehr Selbstbewusstsein. Charles spielte z. B. die Hauptrolle bei einer Schulinszenierung von Shakespeare`s **„Macbeth“**, in dem die Hexen prophezeiten, er werde einmal König werden. !**All hail Macbeth, that shalt be King hereafter!“**

Auch die Eltern der Schüler waren zu der Theateraufführung eingeladen, wobei Philip unangenehm laut spöttisch lachte und damit seinen Sohn als Hauptdarsteller verunsicherte. Philip blieb sein Leben lang ein zynischer Pragmatiker, der für die Sentimentalitäten seines sensiblen Sohnes wenig Verständnis hatte. Er hatte zu Anne, die seelisch viel robuster war als Charles, ein besseres Verhältnis. Noch in späteren Jahren pflegte Philip spöttisch mit ernstem Unterton zu sagen: *„Ich hoffe, dass Lilibet mindestens so alt wie Queen Mum mit 102 Jahren wird, damit Charles nicht so schnell ihre Nachfolge als König antreten kann.“* (Siehe: Eckehard Korthals: „London vor & nach Brexit & Corona“. Buchverlag König, Greiz, 2021)

Als Philip gefragt wurde, wie sein Sohn in Gordonstoun zurechtkomme, soll er in seiner sarkastischen Art geantwortet haben: *„Nun, wenigstens ist er noch nicht weggelaufen“ („Well, at least he hasn`t run away yet.“)*

Prince Charles setzte sich schließlich in **Gordonstoun** durch. Er wurde zum **„Guardian“** (Schulsprecher) gewählt. Seine Abschlussprüfung für das „General Certificate of Education“ 1967 bestand er in Geschichte und Französisch mit **zwei A-Levels** (= Advanced

Levels, etwa Leistungskursniveau). Zwei Jahre zuvor hatte er bei Prüfungen fünf O-Levels (= Ordinary Levels = Mittlere Reife-Niveau) in Französisch, Geschichte, Latein, Englisch und Englische Literatur erreicht.

Charles ist damit der erste König mit einem Zeugnis der **Hochschulreife** (wenn auch drei A-Levels besser gewesen wären), das er an einer öffentlichen Schule erlangt hatte. Seine Mutter, Elizabeth II., war lediglich von Privatlehrern, wie bisher üblich, unterrichtet worden.

Prrince Charles studierte anschließend an Gordonstoun an der **Universität Cambridge** die Fächer **Archäologie** und **Anthropologie**. Er sorgte auch als Prince of Wales dafür, dass sein Sohn **William** als sein zukünftiger Thronfolger die Universität St. Andrews in Schottland besuchte. Dort lernte William auch seine zukünftige Ehefrau **Kate Middleton** kennen.

Universität Cambridge - Blick auf Trinity College, Gonville and Caius College, Clare College und King`s College Chapel, fotografiert von St. John`s College Chapel aus. Hier studierte Prince Charles in den Jahren 1967 bis 1969 Archäologie und Anthropologie (Foto: Bob Tubbs).

3. Kapitel
Charles & Diana

Am **14. November 1973** (Geburtstag von Prince Charles) heiratete die Pferdeliebhaberin **Princess Anne** den königlichen Stallmeister Captain **Mark Phillips** von den Queen's Dragoon Guards. Prince Charles konnte wegen eines Auslandsaufenthaltes an der Hochzeitsfeier nicht teilnehmen. Er war gar nicht so glücklich darüber, dass seine jüngere Schwester vor ihm heiratete, denn jetzt erwartete seine Mutter von ihm, dass er sich möglichst bald eine Frau nehme und einen Thronfolger zeuge. **Prince Charles** wollte möglichst lange seine Junggesellenzeit genießen. Die unglückliche Ehe seiner Tante Margaret mit Lord Snowdon bestärkten ihn in seinem Vorsatz. Was Frauen anbelangte, war Prince Charles ein Spätzünder. Erst mit 21 Jahren hatte er engeren Kontakt zu einer Freundin. Sein Lieblingsonkel **Dickie** (Louis Mountbatten) empfahl ihm, sich nach seinem Studium in Cambridge erst einmal richtig auszutoben („*to sow wild oats*") Er stellte seinem Neffen für seine Schäferstündchen (nicht nur one-night stands) seinen **Landsitz Broadlands** als Lie-

Der Landsitz Broadlands House von Louis Mountbatten, der seinem Neffen Charles sein Anwesen als Liebesnest anbot (Foto: Dr. Meierhofer (user)).

besnest zur Verfügung. Hier bei Romsey (nordwestlich von Southampton), fernab von London, war Charles vor den Kameras der neugierigen Presseleute relativ sicher. Zu seinen Bekanntschaften gehörten u. a. Jane Wellesley (Urenkelin des Herzogs von Wellington), Lucia Santa Cruz (Tochter des spanischen Botschafters), Amanda Knatchbull (Enkelin seines Onkels Mountbatten) und Anna Wallace, der er sogar einen Heiratsantrag machte, aber abgewiesen wurde. Zeitweise schien er sich auch für Sarah Spencer, die ältere Schwester von Lady Diana, zu interessieren.

Von allen Frauen, die er in seiner Junggesellenzeit kennengelernt hatte, machte **Camilla Shand** auf ihn den nachhaltigsten Eindruck. Sie war blond, unkompliziert, draufgängerisch, lebhaft, sportlich und vor allem sexy. Auf der Schule hatte sie es nur auf einen O-Level (mittlere Reife in einem Fach) gebracht, konnte aber mit Wasserfarben umgehen, war eine kühne Reiterin wie Charles und liebte den Aufenthalt in der Natur (Fischen, Jagen). Sie sah verführerisch aus, war aber kein photogener Typ. Als die beiden 1971 bei einer Party zusammentrafen, ergriff Camilla unverblümt die Initiative: *„Meine Urgroßmutter* (Alice Keppel) *und Dein Urgroßvater* (Edward VII.) *waren Lovers. Nun, wie wär's mit uns?"* Wie Camilla später einmal sagte, sei Charles noch völlig unerfahren gewesen. Sie sei *„die erste Frau gewesen, die ihn verführt und ihm gezeigt habe, wie man's macht."* Sie habe aus ihm erst einen Mann gemacht. Damals hatte Prince Charles aber noch nicht erkannt, dass er Camilla nicht nur wegen ihrer körperlichen Reize, sondern wegen der *„geistigen Seelenverwandtschaft"* liebte. Auch als Camilla Shand 1973 den feschen Major **Andrew Parker Bowles** (später Lieutenant-Colonel der Blues and Royals) heiratete, blieb ihre Liebesbeziehung weiter bestehen. Sie trafen sich regelmäßig, wenn Andrew mit seiner Einheit für längere Zeit ins Ausland abkommandiert wurde. Prince Charles „verkehrte" häufig im Hause Parker Bowles (Bolehyde Manor, Wiltshire, Allington, östlich von Bath, nördlich von Salisbury), da ja Camillas Sohn Thomas sein Patenkind war. Das satirische Magazin „Private Eye" schöpfte bereits 1980 Verdacht, als Andrew in Rhodesien (Simbabwe) weilte. Es fiel den Paparazzi auf, dass der königliche Aston Martin „Volante" des Prinzen öfter vor dem Anwesen Bolehyde Manor parkte als gewöhnlich.

Wie so häufig in der Geschichte der Prinzen von Wales war auch Prince Charles nicht bereit, auf seine Mätresse zu verzichten, als er 1981 **Lady Diana Spencer** heiratete. **Es war eine Konvenienz- und Nützlichkeitsehe des fast 33-jährigen Kronprinzen, um einen legitimen Thronfolger zu zeugen, aber keine Liebesheirat.**

Prince Charles und **Diana** kannten sich schon seit früher Kindheit, denn sie waren Nachbarskinder in **Sandringham**. Da Charles 12 Jahre älter als Diana war, schenkte er dem kleinen Mädchen wenig Beachtung. Diana spielte gelegentlich mit Andrew, der nur ein Jahr älter als sie war. Dianas ältere Schwester **Sarah** war für Prince Charles schon interessanter. Dianas Vater war der **8. Earl of Spencer**, der neben dem **Landgut Althorp** (Northhamptonshire) das **Park House** in Sandringham besaß, nicht weit vom königlichen Schloss Sandringham / Big House entfernt. Wenn die königliche Familie zu Weihnachten in Sandringham weilte, besuchte man sich gegenseitig. Kurzfristig war Earl Spencer sogar einmal königlicher Stallmeister gewesen. Als Diana sechs Jahre alt war, hatte er sich von seiner Frau (Mrs. Shand Kydd) getrennt. Da seine Gattin ihn betrogen hatte, wurden die Kinder Sarah, Jane, Diana und Charles ihm zugesprochen. Er heiratete dann Raine, die Tochter der berühmten Romanschriftstellerin Barbara Cartland.

Diana besuchte die **West Heath School** in Kent, verließ die Schule aber ohne jeglichen Abschluss. In keinem Schulfach hatte sie auch nur einen einzigen O-Level (etwa Mittlere Reife-Niveau) vorzuweisen. Mit 16 Jahren sollte sie ihre Ausbildung in dem französischsprachigen **„Institut Alpin Videmanette“**, ein Mädchenpensionat bei Gstaad in der Schweiz, fortsetzen; sie hielt es dort aber nur sechs Wochen aus.

Als Prince Charles sich 1980 für das 19-jährige hübsche, schlanke Nachbarskind zu interessieren begann, hatte der Teenager es gerade einmal zu einer Kindergartengehilfin (kindergartenhelper, keine examinierte Kindergärtnerin) im Young England Kindergarten / Pimlico gebracht. Sie besaß im vornehmen Kensington (Nähe Kaufhaus Harrods, Coleherne Court 60) eine Eigentumswohnung, die sie mit drei Freundinnen teilte.

Prince Charles hat Diana nie in der Wohnung besucht. Er lud sie aber über seine Dienstboten zu Polo-Veranstaltungen, Pferderennen und Opernaufführungen ein. Diana interessierte sich nach einem Reitunfall nicht sonderlich für Pferde und hatte auch keinen Sinn für klassische Musik und Opern. Sie liebte Pop und schicke Mode. Wie alle Teenager schwärmte sie für den zwölf Jahre älteren Märchenprinzen und fühlte sich geehrt, dass er nicht mehr ihrer älteren Schwester Sarah, sondern ihr selbst Avancen machte. In ihrem Zimmer hing ein Bild von Prince Charles, denn als Kind träumte sie davon, einmal Prinzessin von Wales zu werden. Das schien utopisch, da sie nicht königlicher Abstammung war. Aber

Lady Diana („Shy Diana") als bildhübsche, scheue und unbedarfte Kindergartenhelferin (Foto: Sammlung Eckehard Korthals).

Queen Mum war das ja auch nicht und hatte doch Georg VI. geheiratet.

Angeblich sollen Dianas Großmutter Lady Fermoy und **Queen Mother Elizabeth** zuerst eine mögliche Verbindung zwischen den Windsors und den Spencers ausgeklüngelt haben. Auch Queen Elizabeth II. drängte ihren Sohn, diesen ewigen Junggesellen, mit 32 Jahren endlich zu heiraten und einen Thronerben zu zeugen. Da war ihr das hübsche, scheue, jungfräuliche Nachbarskind nur recht. Auch der Herzog von Edinburgh war der Meinung, dass ein Kronprinz vor seiner Ehe soviel Geliebte haben könne, wie er wolle. Er solle aber eine Jungfrau heiraten wie er damals auch. **Princess Diana werde eine ideale „Zuchtstute“ abgeben.** Prince Charles behauptete später, sein Vater habe ihn zu dieser Heirat gezwungen. Jedenfalls hofften die Royals, dass man den bescheidenen, unerfahrenen naiven Teenager ganz in ihrem Sinne beeinflussen und formen könne.

Längst war die Presse hinter die sich anbahnende Romanze gekommen. Im September 1980 hatte ein Reporter das „Liebespaar“ aus sicherer Entfernung mit dem Fernglas am Dee bei Balmoral beobachtet. Man prophezeite, der ewige Junggeselle werde endlich an seinem Geburtstag (14. November) seine Verlobung mit Lady Diana Spencer bekannt geben. Aber nichts geschah. Am 16. November veröffentliche der Sunday Mirror auf der Titelseite mit der Überschrift „Königlicher Liebeszug“ eine Nachricht, die wie eine Bombe einschlug. Die blonde Diana Spencer habe sich zehn Tage zuvor nachts in den königlichen Zug geschlichen, der auf einem Nebengleis in Staverton / Wiltshire abgestellt worden war und von SAS-Leuten (Special Air Service) und der Polizei bewacht wurde. Die Queen, Prince Charles und Lady Diana protestierten und wiesen die Geschichte als völlig aus der Luft gegriffen zurück. Der Ruf von **„Shy Diana“** mit dem züchtig gesenkten, unschuldigen Blick eines jungfräulichen Schulmädchens schien dahin. Diana konnte beweisen, dass sie sich an dem Abend mit ihren Freundinnen Virginia, Carolyn und Ann in ihrer Londoner Wohnung „Coleherne Court“ 60 aufgehalten hatte. Als die Queen ihren Sohn zur Rede stellte, versicherte er ihr hoch und heilig, dass sich Diana nicht in dem Zug aufgehalten habe. Er verschwieg ihr aber, dass die blonde

Person, die die Sicherheitsbeamten gesehen und für Diana gehalten hatten, in Wirklichkeit **Camilla Parker Bowles** war. **Prince Charles hatte nicht nur seine Mutter, sondern auch seine zukünftige Verlobte und die Öffentlichkeit hinters Licht geführt.**

Am **6. Februar 1981** machte Prince Charles der unschuldigen Diana einen **Heiratsantrag**, den diese sofort annahm. Ein Jungmädchentraum schien in Erfüllung zu gehen. Am **24. Februar 1981** wurde die Verlobung offiziell verkündet und der **Hochzeitstermin** auf den **29. Juni 1981** festgesetzt.

Noch kurz vor seiner Hochzeit vergnügte sich Prince Charles nach einer Dinner-Party im Buckingham Palace in der Nacht vom 27. auf den 28. Juni mit Camilla Parker Bowles im Bett, während seine jungfräuliche Braut im Clarence House schlief. Selbst der homosexuelle Diener Stephen Barry fand es unglaublich, dass Charles noch in der Hochzeitswoche mit Camilla ins Bett ging: *„ [...] he took her to bed in the very week of his wedding, it seemed incredible! [...] incredibly stupid!“ („Es schien unglaublich dummdreist!“)*

Längst hatte auch Lady Di mitbekommen, dass ihr Verlobter ein Verhältnis mit Camilla Parker Bowles hatte. Häufig traf er sich mit Camilla in **Broadlands**, dem Landsitz seines verehrten Onkels Dickie (Louis Mountbatten), der 1979 von irischen Terroristen ermordet wurde. In Gegenwart von Diana warfen sich Camilla und Charles bei Partys verstohlene Blicke zu, und der Prince of Wales forderte seine Geliebte ungeniert zum Tanz auf. Als Diana ein für Camilla bestimmtes Goldarmband mit den Initialen GF fand (GF = Code für Girl Friday = Camilla sowie Gladys + Fred = Camilla und Charles), wurde sie misstrauisch und stellte Charles zur Rede.

Ihr Verlobter meinte, dieses sei nur ein Abschiedsgeschenk für Camilla, die Beziehung sei endgültig vorbei. Kurz vor seiner Hochzeit vertraute er seinem Freund John Barrat aber an, Camilla sei eigentlich die einzige Frau, die er liebe. Als Prince Charles und seine Verlobte im Fernsehen gefragt wurden, ob sie denn wirklich *„in love“* seien, antwortete Diana prompt: ***„Of course! Natürlich!“*** Charles aber nuschelte zweideutig: ***„Whatever in love means!“*** *(„Was in love auch immer bedeuten mag!“)* Auf einer Indienreise erklärte er scherzhaft, aber durchaus mit ernstem Unterton, er beneide die Muslime, die mehrere Frauen haben könnten.

Einige Monate vor ihrer Hochzeit zog Diana in den **Buckingham Palace** ein. Hier sollte sie lernen, wie man sich als zukünftige Königin nach der strengen Hofetikette zu verhalten habe. Aber, wie Diana später sagte, weder die zurückhaltende, reservierte Königin, noch die ewig lächelnde Königinmutter, die privat sehr unfreundlich sein konnte, oder die bärbeißige Princess Anne halfen ihr dabei, sich in der neuen Umgebung wohl zu fühlen. Die Windsors erwiesen sich ihr gegenüber als überheblich, eiskalt und gefühlsarm. Da sich Charles häufig auf Reisen befand und sie wochenlang allein ließ, fühlte sie sich in dem ungemütlichen, kalten Buckingham Palace mit seinen 642 Räumen wie in einem Gefängnis. Sie sehnte sich bereits nach ihrer Privatwohnung in Kensington zurück, die sie als ehemalige Kindergartenhelferin mit ihren drei Freundinnen geteilt hatte.

Nach außen hin war sie die glückliche Braut, die sich mit dem begehrtesten Junggesellen der Welt verlobt hatte, in Wirklichkeit aber war sie unglücklich, weil sie instinktiv fühlte, dass Charles sie nicht wirklich liebte. Sie litt bereits unter Essstörungen (Bulimie = Ess-Brechsucht, Anorexie = Appetitlosigkeit, Magersucht), die durch Nervosität und Depressionen hervorgerufen wurden. Diana liebte Charles und hoffte, den Märchenprinzen ganz für sich zu gewinnen, wenn sie erst einmal Kinder haben würden. Sie misstraute Camilla Parker Bowles und wollte sie von der Liste der Hochzeitsgäste streichen. Aber sie konnte bei der Queen nur durchsetzen, dass Camilla nicht zum Frühstücksempfang im Buckingham Palace eingeladen wurde. Von all diesen Schwierigkeiten im Vorfeld der Hochzeit bekam die Öffentlichkeit nichts mit.

Die Trauung fand am **29. Juni 1981** in der **St. Paul's Cathedral** und nicht, wie sonst üblich, in der Westminster Abbey statt, weil diese für die 2500 geladenen Gäste zu klein gewesen wäre. Das Megaereignis, das von mehr als 750 Millionen Menschen in 74 Ländern auf dem Bildschirm verfolgt wurde, sollt die **prunkvollste Märchenhochzeit** des 20. Jahrhunderts werden. Auf den Straßen Londons jubelten Millionen von Menschen dem Traumpaar des Jahres zu. **Diana**, die vorher keinen Adelstitel besessen hatte, wurde jetzt automatisch mit der Trauung **„Princess of Wales"** und durfte mit **„Your Royal Highness"** angeredet werden. Rangmäßig stand sie jetzt über

Charles und Diana heiraten am 29. Juni 1981 in der St. Paul's Cathedral mit 2500 geladenen Gästen - die prunkvollste Traumhochzeit des 20. Jahrhunderts. (Foto: Diliff)

Princess Margaret und Princess Anne, die sich natürlich weigerten, vor Diana einen Hofknicks zu machen.

Die Übertragung der Märchenhochzeit hatte die Popularität der Monarchie ungeheuer gesteigert. Und selbst die Queen profitierte davon. Allerdings verblassten alle anderen Royals gegenüber der bildhübschen, bescheidenen Märchenprinzessin mit dem leicht gesenkten, scheuen, unschuldigen Blick. Sie war jetzt die schönste und meistfotografierte Frau auf der ganzen Welt. Es verging kein Tag mehr, an dem nicht Zeitungsberichte und Bilder in den Boulevardblättern und bunten Magazinen rund um den Globus erschienen.

Diana war zwar völlig ungebildet und konnte sich über Themen, die über Kindergarten, Popmusik, Tanz und Mode hinausgingen, mit Charles nicht unterhalten; sie besaß aber über ihre äußere Schönheit hinaus Herzenswärme, Einfühlungsvermögen und Mitgefühl. Das machte sie so sympathisch. Wenn das Kronprinzenpaar irgendwo auftauchte, um einen Wohltätigkeitsbasar zu eröffnen, richteten sich alle Blicke auf Diana. Das war der früher so begehrte Junggeselle nicht gewohnt. Die Queen, Queen Mum, Prince Charles, Princess Margaret, Princess Anne waren neidisch und eifersüchtig auf Diana, weil sie ihnen die Show stahl.

Prince Charles verstand es nicht, auf die Bedürfnisse seiner jungen Frau einzugehen. *„Ich habe meinen Ehegatten verzweifelt geliebt, und wir wollten alles teilen"*, sagte die enttäuschte Prinzessin später im Rückblick. Aber Charles, der nur Camilla wirklich liebte, ging nach der Hochzeit weiter seinen Hobbys nach, ohne sich viel um seine Frau zu kümmern. Er spielte Polo, verabschiedete sich zur Jagd oder zum Angeln, zog sich zurück, um Bücher über Philosophie, Architektur und Umweltschutz zu lesen. Er interessierte sich für klassische Musik und klassisches Theater (Shakespeare), während Diana lieber einem Open Air Pop-Konzert lauschte.

Die Einsamkeit führte zu Depressionen und Essstörungen. Die Bulimie, so sagte sie auf einem 1992 aufgenommenen und 2004 veröffentlichten Videoband, sei entsetzlich gewesen. Sie habe alles *„hinuntergeschlungen"*, was sie an Essbarem finden konnte, um es nach zwei Minuten wieder zu erbrechen *(„Anything I could find I would gobble up and be sick two minutes later".)* Charles habe sich über ihre Bulimie lustig gemacht. Wenn sie dem Essen mit gutem Appetit zugesprochen hatte, pflegte er zu sagen: *„Oh, wird das später wieder auftauchen Was für eine Verschwendung?"*

Während der Schwangerschaft ließ Charles seine Frau häufig allein. Als er wieder einmal das Haus verließ, um auszureiten und Polo zu spielen, stürzte Diana sich nach eigenen Angaben die Treppe hinab. Sie wollte angeblich Selbstmord begehen. Wie sie auf den für Andrew Mortons Buch 1992 aufgenommenen Tonbändern gesteht, habe sie vier- bis fünfmal versucht, sich das Leben zu nehmen. Einmal wollte sie sich mit Hilfe von Rasierklingen die Pulsadern aufschneiden. Charles hielt Diana für launisch, hysterisch, psychisch gestört. Er konnte nicht verstehen, warum sich Diana darüber aufregte, dass er Manschettenknöpfe mit den Initialen CC (Charles & Camilla) trug. Einmal hörte Diana, wie Charles im Bad über Handy mit Camilla sprach und zu ihr sagte: *„Whatever happens I will always love you!“ („Was immer auch geschieht, ich werde Dich immer lieben.“)*

Auch nach der Geburt von **William** (Wills) am **21. Juni 1982** und **Henry** (Harry) am **15. September 1984** besserte sich ihre Beziehung nicht. Diana hatte der Nation einen Thronfolger geschenkt und zur Absicherung noch einen zweiten Sohn in die Welt gesetzt, somit ihre Schuldigkeit getan. Am Tage, als Harry geboren wurde, holte Charles das Baby und die Mutter aus dem Krankenhaus in Paddington ab, brachte sie in den Kensington Palace, ging danach zum Polo und ließ sich für den Rest des Tages nicht mehr sehen.

Diana dagegen kümmerte sich rührend um ihre Kinder. Sie war die erste Prinzessin von Wales, die ihre Mutterpflichten ernst nahm (vgl. dagegen Elizabeth II., Queen Mum oder Queen Mary). Sie küsste und herzte ihre Kinder in aller Öffentlichkeit. Dazu hätte sich die reservierte Queen nie herabgelassen. Ständig ließ sich Diana bei der Nanny im Kinderzimmer blicken, um nach dem Rechten zu sehen und um die Kleinen noch einmal herzlich zu liebkosen. Nie hätte sie die Babys monatelang allein gelassen wie ihre Schwiegermutter und deren Eltern und Großeltern. 1983 bestand sie darauf, den neun Monate alten Wills auf die sechswöchige Australienreise mitzunehmen. Als die Kinder größer waren, ging sie mit ihnen Schwimmen, Schlittschuhlaufen oder Skifahren, führte sie in Freizeitparks und Zoos, aß mit ihnen in normalen Fast Food-Restaurants, besuchte mit ihnen aber auch Hospitäler und Altenheime. Wenn die Kinder sich eine fiebrige Erkältung zugezogen hatten, wachte sie am Krankenbett. Als Wills sich beim Sport verletzt hatte und mit einem Schädelbasisbruch in ein Krankenhaus eingeliefert werden musste, wich die besorgte Mutter auch nachts nicht von seiner Seite. Als Harry sich im „Great Ormond Street-Hospital“ einer Leistenbruchoperation unterziehen musste, saß sie Tag und Nacht an seinem Krankenbett, während Prince Charles sich mit Camilla vergnügte.

Etwa zwei Jahre nach der Hochzeit glaubte Charles, mit der Zeugung eines Thronfolgers seine ehelichen Pflichten im Wesentlichen erfüllt zu haben und nahm wieder regelmäßig seine intime Beziehung zu Camilla auf. Seit der Hochzeit hatte er praktisch täglich

Charles und Diana in Brisbane im Jahr 1983 (Foto: Queensland State Archives).

mit ihr heimlich telefoniert oder schriftlich korrespondiert. Diana fand dann später auch in Highgrove einige Liebesbriefe Camillas an ihren Geliebten. Das führte bei Diana zu weiteren Bulimie- und Wutanfällen. Sie fühlte sich gedemütigt und verletzt. Sie hatte Charles aus Liebe geheiratet, und er wies ihre Liebe kaltherzig zurück. 1989 stellte sie ihre Rivalin bei einer Geburtstagsparty zur Rede. Sie fauchte Camilla wutentbrannt an: *„Ich weiß, was zwischen Dir und Charles vorgeht. Ich möchte, dass Du das weißt! Warum lässt Du meinen Mann nicht in Ruhe." („Why don't you leave my husband alone?")* Camilla antwortete: *„Du hast alles bekommen, was Du je wolltest. Du hast es erreicht, dass alle Männer auf der ganzen Welt in Dich verliebt sind und Du hast zwei hübsche Kinder. Was willst du noch mehr?" („What more do you want?")* Darauf antwortete Diana: *„Ich will meinen Mann!" („I want my husband!")*

Es musste Diana doch allmählich klar sein, dass sie ihren Ehemann an seine Mätresse verloren hatte. Diana, die damals als die schönste Frau der Welt galt, konnte einfach nicht verstehen, dass Charles diesen *„hässlichen Rottweiler"* liebte. Das heimlich auf Tonband aufgenommene Telefongespräch zwischen Camilla und Charles am Sonntagabend, dem **17. Dezember 1989**, das erst 1993 veröffentlicht und wegen seiner Brisanz „Camillagate-Tape" (in Anlehnung an die Watergate-Affäre) genannt wurde, hätte Diana darüber Aufschluss geben können. Camilla und Charles waren nicht nur in platonischem Sinne ein Herz und eine Seele (sog. Soulmates), sondern auch in körperlicher Hinsicht sexuell völlig voneinander abhängig, und da hatte Diana keine Chance. Charles kam nicht von der Frau los, die ihn zum Mann gemacht hatte. In dem Telefongespräch enthüllt er, dass *„er sie mehrere Male in der Woche"* brauche, er möchte *„in ihren Hosen leben"* und sich in *„ihre Schlüpfer"* oder *„Tampons" („Tampax")* verwandeln. Hier nur kurz einige Ausschnitte im Originalton:

Camilla: *Hmm. You're awfully good at feeling your way along.*
Charles: *Oh, stop! I want to feel my way along you, all over you and up and down you and in and out.*
Camilla: *Oh.*
Charles: *[...] particularly in and out.*

Camilla: *Oh, that's just what I need at the moment.*
Charles: *Is it?*
Camilla: *I know it would revive me. I can't bear a Sunday night without you.*
Charles: *What about me? The trouble is, I need you several times a week, all the time.*
Camilla: *Mmmm. So do I. I need you all the week, all the time.*
Charles: *Oh God, I'll just live inside your trousers or something. It would be much easier.*
Camilla: [lachend] *What are you going to turn into? A pair of knickers?* [beide lachen]. *Oh, you are going to come back as a pair of knickers.*
Charles: *Or, God forbid, a Tampax, just my luck.*
Camilla: *You are a complete idiot* [lacht]. *Oh. What a wonderful idea [...]*

Mehrmals betont Camilla „*I do love you*" und Prince Charles antwortet: „*Love you, too [...] Your great achievement is to love me [...] I love you!*" (Quelle: Whitaker, James, S. 18 ff. Diana v. Charles. London, 1993)

Diana und Charles gingen bald getrennte Wege. Außer den Kindern Wills und Harry hatten sie nichts mehr gemeinsam. Charles vergnügte sich auf seinem Landsitz Highgrove mit Camilla Parker Bowles, Diana hasste Highgrove und Balmoral. Sie zog die Stadt vor und traf sich mit ihrem Lover heimlich im Kensington Palace. Nur noch bei öffentlichen Veranstaltungen, Reisen ins Commonwealth, Kindergeburtstagen und Einschulungsterminen traten sie gemeinsam auf, wobei der **Megastar Diana** immer die Hauptrolle spielte. Als die Reagans z. B. 1985 die beiden ins Weiße Haus einluden, war Diana der Mittelpunkt des Abends. Sie tanzte mit John Travolta hinreißend „Saturday night fever".

Aus Verzweiflung über die eheliche Untreue ihres Mannes, den sie immer noch liebte und der ihr noch Halt hätte geben können, stürzte sie sich seit 1985 in ein Liebesabenteuer nach dem anderen. Sie wollte Charles zeigen: „*Was Du kannst, kann ich auch.*" Sie wollte ihn eifersüchtig machen und war naiv genug zu glauben, dass er dann vielleicht zu ihr zurückfinden könnte.

Megastar Diana tanzt in der Eingangshalle des Weißen Hauses mit John Travolta im Jahr 1985 zu dem bekannten Bee Gees-Hit „Saturday night fever". (Foto: United States Federal Government).

Angeblich soll ihr Leibwächter Sergeant **Barry Mannakee** ihr erster Lover gewesen sein, wie Penny Junor (Charles: Victim or Villain, 1998) und Tina Brown („The Diana Chronicles", Vorabdruck in der „Daily Mail", 2007) behaupten. Diana und ihre Freundin Rosa Monckton haben das aber stets bestritten. Es sei eine rein platonische Beziehung gewesen, auch wenn Diana den Leibwächter in ihrer überschwänglichen Art gelegentlich als *„the love of my life"* bezeichnete. Wegen der engen Freundschaft der Prinzessin zu einem Untergebenen veranlasste der Hof, dass Scotland Yard den Sergeanten vom Kensington Palace abzog und auf einen anderen Posten versetzte. Mannakee ist kurz darauf bei einem **Autounfall** ums Leben gekommen.

Sofort kam das Gerücht auf, es sei ein **Mordkomplott** des Sicherheitsdienstes MI 5 auf **Geheiß der Royals** gewesen. Es war der erste von einigen mysteriösen Autounfällen, bei denen schließlich auch Diana ums Leben kam. Wusste Mannakee zu viel? Diana war misstrauisch. Sie hatte bereits vor ihrem Tode befürchtet, dass man sie mit Hilfe eines inszenierten Autounfalls beseitigen könne.

Dianas erste wirkliche Liebesaffäre war der fesche Gardeoffizier **James Hewitt**, bei dem sie Reitunterricht nahm und den sie nach einem Candlelight Dinner **1986** verführte. Die Liebesbeziehung dauerte bis 1990, als Hewitt nach Deutschland und anschließend als Panzerkommandeur in den Irak abkommandiert wurde. Unterdessen machte sich Diana an andere Männer heran, wie z. B. den 16 Jahre älteren, mit Charles befreundeten Kunsthändler Oliver Hoare, dessen Frau sie durch anonymen Telefonterror belästigte. Ferner ließ sie sich mit dem Rugby-Star Will Carling und ihrem ehemaligen Jugendfreund, dem Automobilvertreter **James Gilbey** ein, der sie ***„Squidgy"*** *(„Tintenfischchen")* nannte. Am **Silvesterabend 1989** wurde das **Telefongespräch** zwischen den beiden heimlich von einem Funkamateur abgehört und am **24. August 1992** in dem Boulevardblatt „Sun" veröffentlicht (die sogenannten „Squidgy tapes", die zum Squidgygate-Skandal führten und auf den 1993 der Camillagate-Skandal folgte). Diana, die Weihnachten und Silvester im langweiligen Sandringham verbrachte, sprach mit ihrem Geliebten, der irgendwo in Oxfordshire im Auto saß. Sie hatte Angst, schwanger zu werden:

Diana: *I don't want to get pregnant.*
Gilbrey: *Darling, that's not going to happen. Squidgy kiss me. Oh God. It's so wonderful, isn't it.*
[Diana fragt, ob er sich im Auto selbst befriedigt habe.]
Diana: *Playing with yourself?*
Gilbrey: *No, I'm not actually [...] Not quite as nice. No, I haven't played with myself actually. Not for a full 48 hours.*

Diana greift schließlich die königliche Familie an, die jetzt hier in Sandringham weilt und sie immer noch als Außenseiterin betrachtet, obgleich sie so viel für das Image der *„verdammten Familie"* getan habe. Diana: ***„[...] After all I've done for that fucking family."***

Die Veröffentlichung der Squidgy Tapes, die Diana kompromittieren sollten, war eine Reaktion auf das ab 7. Juni 1992 in der „Sunday Times" als Vorabdruck erschienene Buch von **Andrew Morton**

„Diana. Her True Story“, in dem allein Charles die Schuld an der gescheiterten Ehe zugeschrieben wurde. Das Buch schlug ein wie eine Bombe. Diana bestritt zwar in der Öffentlichkeit, den Autor zu kennen, sie hatte aber über einen Mittelsmann (Colthurst) Andrew Morton alle Details über ihre zerbrochene Ehe zukommen lassen (Selbstmordversuche, Bulimie, Anorexie, Depressionen wegen der ehelichen Untreue von Prinz Charles) und sogar der Endfassung des Manuskripts zugestimmt.

Die Illusion von dem schönsten Traumpaar aller Zeiten, das den Menschen den Schein einer heilen Märchenwelt vorspiegelte, war jetzt plötzlich wie eine Seifenblase geplatzt. Die Öffentlichkeit war entsetzt über die unglaubliche Verworfenheit, Hartherzigkeit und doppelbödige Moral der königlichen Familie, die ja Vorbild sein sollte, sich aber, wie Alan Clark meinte, als *„eine Bande bleichgesichtiger Deutscher“* erweise. Die öffentliche Kritik richtete sich nicht gegen Diana, sondern die Herzlosigkeit von Prince Charles und der

Andrew Morton im Jahre 1989. (Foto: Open Media Ltd.)

Cover des Buches von Andrew Morton (Foto: Sammlung Buchvlg. König).

Queen, die sich mehr um ihre Pferde und Corgis als um ihre Kinder kümmere.

Im Fernsehen konnte man verfolgen, dass die von der Queen angeordneten gemeinsamen Auftritte von Prince Charles und Lady Diana nur noch eine Farce waren. Nach Indien reisten sie im Mai 1992 nur noch in getrennten Flugzeugen an, schauten sich nicht mehr in die Augen und sprachen nicht mehr miteinander. Als Charles seiner Ehefrau einen flüchtigen Kuss auf die Wange geben wollte, wich sie ostentativ aus. Das Foto, das um die ganze Welt ging, zeigt Diana traurig und allein vor dem Taj Mahal. Die Reise nach Korea im November 1992 war eine einzige Katastrophe. Beide machten einen missmutigen, verdrossenen Eindruck. Es sollte der letzte gemeinsame Auftritt im Ausland sein. Diana wurde von der Presse die „Missmutige" („The Glum") tituliert. Zwei Jahre zuvor, bei der Einschulung von Wills, hatten sie immerhin noch den Schein gewahrt, indem sie in verschiedenen Autos anreisten, hundert Meter vor dem Schuleingang aber in einen Wagen stiegen und gemeinsam vor dem Portal ankamen. Diana fuhr damals noch einen „Jaguar", den sie im Februar 1992 gegen einen „Mercedes" tauschte. Auf Protest der Königin und der Gewerkschaft musste sie das Auto wieder verkaufen, da es als unpatriotisch galt, eine deutsche Nobelkarosse zu fahren.

Im **Juni 1992**, als das Buch von Andrew Morton veröffentlicht wurde und überall Empörung über die Verworfenheit der Royals auslöste, bestellte Elizabeth II. ihren Sohn und ihre Schwiegertochter in den **Buckingham Palace**. Sie hatte sich bisher aus dem Ehestreit herausgehalten, wollte aber wissen, wie es mit den beiden weitergehen sollte. Die Queen und der Herzog von Edinburgh verurteilten die Affäre ihres Sohnes mit Camilla Parker Bowles. Philip appellierte an die beiden, sich doch noch einmal zusammenzuraufen. Aber sowohl Diana, die sich längst von Charles gelöst hatte, als auch Charles, der auf Camilla nicht verzichten wollte, plädierten für eine baldige Trennung. Die Queen verordnete ihnen zunächst noch eine Denkpause. Erst als im August die **Squidgy Tapes** veröffentlicht wurden, in denen Diana die Windsors als *„fucking family"* beschimpft, verlor die sonst so zurückhaltende Queen ihre Geduld und sagte: *„Enough is enough!" („Genug ist genug!")*; Diana sei *„quite* *mad" („verrückt")* und ein *„unmögliches Mädchen" („an impossible girl")*, das die Existenz der Monarchie gefährde.

Am **9. Dezember 1992** gab der Premierminister John Major im Unterhaus folgende Erklärung ab: *„Der Buckingham Palace gibt bekannt, dass sich der Prinz und die Prinzessin von Wales getrennt haben, sich aber nicht scheiden lassen wollen."*

Es war aber doch der Beginn eines **Scheidungskrieges** der Waleses („War of the Waleses"), der sich bis 1996 hinzog. Die Tragik für Queen Elizabeth, die anfangs geschiedene Eheleute vom Hof fernhielt, bestand darin, dass sich im **Schreckensjahr 1992** drei ihrer Kinder von ihren Ehepartnern getrennt hatten.

Bereits im **März 1992** hatte der Hof bekannt gegeben, dass sich **Prinz Andrew** und **Sarah Ferguson**, der Herzog und die Herzogin von York, von nun an trennen wollten. Im Januar hatte die Presse dekuvrierende Fotos von Sarah und ihrem reichen amerikanischen Lover Steve Wyatt in Marokko veröffentlicht. Der Gipfel der Verworfenheit aber schien erreicht, als die Boulevard-Blätter die Paparazzi-Fotos von der halbnackten, barbusigen Fergie veröffentlichten, wie sie sich in St. Tropez auf unanständige Weise am Pool mit dem texanischen Mulimillionär **John Bryan** vergnügte und dieser ihre Zehen abschleckte *(„sucking her toes")*. Die unschuldigen Kinder Beatrice und Eugenie spielten daneben. Im **April 1992** ließ sich **Princess Anne**, Philips Lieblingstochter, von **Mark Phillips** scheiden. Sie heiratete einen Monat später **Timothy Laurence** in Schottland, da es dort keine Probleme wegen der Scheidung gab.

Am **20. November 1992** ging ein Teil von **Schloss Windsor** in Flammen auf. War der Brand ein Fanal zum Untergang des Hauses Windsor? Die Königin, die sonst so kühl und beherrscht war, verlor sichtlich die Fassung. Vier Tage nach dem Feuer hielt sie in der Guildhall eine Rede, in der sie mit bewegter, rauer Stimme sagte, dass das Jahr **1992** für sie ein ***„annus horribilis"*** *(„Schreckensjahr")* sei, auf das sie *„nicht mit ungemischter Freude zurückblicke" („not a year I shall look back on with undiluted pleasure".)* Die Enthüllungen in dem Buch von Andrew Morton, der Squidgygate-Skandal, die zerbrochenen Ehen ihrer Kinder waren doch etwas zuviel für sie gewesen. Es sollte aber noch schlimmer kommen. Die Camillagate-Tonbänder waren noch nicht veröffentlicht. Nach dem Brand von Windsor Castle erwartete die Königin, dass der Staat für den Schaden aufkommen werde. Aber die öffentliche Meinung war empört darüber, dass die Renovierungskosten von den Steuergeldern des kleinen Mannes bezahlt werden sollten, obgleich die Königin zu den reichsten Frauen der Welt gehörte. Die Queen musste nachgeben. Auf öffentlichen Druck hin erklärte sie sich jetzt sogar bereit, Steuern zu zahlen und die teure Luxusyacht „Britannia" am 31. Dezember 1997 mit Tränen in den Augen außer Dienst zu stellen. Hinzu kam, dass sie im **Oktober 1992** auf ihrer Deutschlandreise in **Dresden** ausgebuht wurde, weil Queen Mother in London ein Denkmal für den Bombergeneral Arthur Harris enthüllt hatte. Die Königinmutter nannte die Deutschen immer noch gelegentlich *„Huns"* (Hunnen, Schimpfwort für die Deutschen im Ersten Weltkrieg). Selbst ihren „deutschen" Schwiegersohn, den Herzog von Edinburgh, bezeichente sie manchmal scherzhaft, aber mit ern-

Im „Schreckensjahr" von Elizabeth II. (1992) waren außer den beiden familiären Scheidungen auch die Stilllegung ihrer Luxusjacht „Britannia" zu verkraften (Foto: Foto: Ben Salter).

stem Unterton, als *„The Hun“*, was dieser gar nicht witzig fand. Aber Queen Mum war eine Ikone und durfte sich solche „rassistischen“ Bemerkungen erlauben.

Nachdem John Major die Trennung von Prince Charles und Diana offiziell bekannt gegeben hatte, versuchten Queen Elizabeth II. und Queen Mother die Prinzessin von Wales zu isolieren und von allen öffentlichen und privaten Veranstaltungen wie Geburtstagsfeiern, Pferderennen und Paraden auszuschließen. Auf ausdrücklichen Befehl der Queen durfte Diana an den offiziellen Gedenkfeiern für die getöteten Kinder, die Opfer des IRA-Terrors oder des Schulmassakers von Dunblane geworden waren, nicht teilnehmen. Die Royals waren rachsüchtig, kleinlich, kaltherzig und neidisch auf Dianas Popularität.

Sie kritisierten Dianas extravaganten Lebensstil, der ganz und gar nicht zu ihrem Engagement für die Armen und Kranken passe. Jede Woche gebe sie 1300 Pfund für neue Designer-Modelle aus, jährlich verschwende sie 2080 Pfund für die Haarpflege und kaufe für 15.500 Pfund Schuhe. In einem Raum im Kensington Palace, so kritisierte man, stapelten sich über 320 Paar Schuhe, die Schränke quollen über von Kleidern, die sie nur einmal getragen habe. Allerdings begann Diana jetzt damit, ihre teuren Kleider auf Auktionen (sogar in New York) zu versteigern und den Erlös wohltätigen Zwecken zuzuführen. Sie war bis 1992 an über 100 Wohltätigkeitsorganisationen beteiligt. Sie setzte sich für Aids-Kranke ein und scheute sich nicht, diesen die Hand zu geben, um ihnen ihr Mitgefühl zu zeigen. Im Gegensatz zu der Queen und anderen blasierten Royals trug sie dabei nie weiße Handschuhe. Sie besuchte Krankenhäuser, Altenheime, Hospize und spendete unheilbaren Krebskranken Trost. Wie Mutter Teresa, die sie auch in Indien besuchte, verstand sie es, auf die Menschen zuzugehen und Klassenschranken zu durchbrechen. Überall, wo sie auftrat, flogen ihr die Herzen der Menschen zu. Ihre Schulbildung war mangelhaft, sie besaß aber so etwas wie Charisma und Herzensbildung, und das war höher zu bewerten als die fehlenden O- und A-Levels. Nach der Trennung von Charles reduzierte sie ihr Engagement für wohltätige Zwecke, setzte sich jetzt aber für die Ächtung von Landminen ein und reiste in Krisengebiete wie Angola und Bosnien. Losgelöst von dem strengen Hofprotokoll, hoffte sie jetzt, mehr Zeit zu haben, um endlich den richtigen Mann fürs Leben zu finden. Die **„Shy Di"** schien sich zu einem raffinierten, männermordenden **„Vamp"** entwickelt zu haben, die sich geschickt der Massenmedien zu bedienen wusste.

In dem Scheidungskrieg von 1992 bis 1996 versuchte Prince Charles seine von ihm getrennt lebende Frau als launisch, hysterisch, krankhaft neurotisch und bulimieanfällig hinzustellen. Im Kampf gegen Diana wollte er die Massenmedien einschalten, obgleich die Queen strikt dagegen war. Sie lehnte es ab, den Medien auch nur

Nach der Trennung von Prince Charles engagierte sich Diana für wohltätige Zwecke, reiste in Krisengebiete und setzte sich u. a. für die Ächtung von Landminen ein (Foto: Nick Parfjonow).

ein einziges Interview zu geben. Zu viel Öffentlichkeit und grelles Scheinwerferlicht in die Privatsphäre der Royals schadete ihrer Meinung nach dem Mythos der Monarchie als einer geheiligten, über dem Volk stehenden, überparteilichen Institution. Sie war deshalb *„not amused“*, als Prince Charles im **Juni 1994** dem bekannten Fernsehjournalisten **Jonathan Dimbleby** ein TV-Interview gab, das von ihr nicht genehmigt worden war. In dem Fernsehinterview gestand der Thronfolger vor über 20 Millionen Zuschauern, dass er seine Ehefrau betrogen hatte. Trotz dieser Verfehlung empfahl er sich den Zuschauern als weitblickender, zukünftiger König, der sich für Philosophie, Religion, Umweltschutz und Bio-Anbau einsetzen werde. Als König betrachte er sich nicht als „defender of **the** faith“ (d. h. Verteidiger der anglikanischen Kirche, in der die Ehe als unauflösbar gilt), sondern als „defender **of** faith“ (d. h. Verteidiger aller Glaubensrichtungen).

Aber von dem Camillagate-Image kam Prince Charles nun nicht mehr los. Die Presse verurteilte ihn als den Ehebrecher („adulterer“), der die gute Diana zur Verzweiflung getrieben habe. Anfangs galt er als **„Action Man“**, der Polo spiele, Ski fahre und Jets steuere, dann als der **„Loony Prince“**, der *„bekloppte Royal“*, der als Bio- und Öko-Freak mit den Pflanzen spreche und nun als der **„Adulterer“**, der sich am liebsten in Camillas *„Schlüpfer oder Tampax“* verwandeln möchte. Andrew Parker Bowles, der gut aussehende Commander der königlichen Leibgarde, fühlte sich nach dem TV-Interview als gehörnter Ehemann öffentlich blamiert und ließ sich daraufhin im **Januar 1995** von Camilla scheiden.

Diana, die sich von der „Shy Di“ zu einem Megastar entwickelt hatte, und mit den Massenmedien meisterhaft umzugehen verstand, holte jetzt nach dem TV-Auftritt von Charles (Juni 1994) zum Gegenschlag aus. In dem berühmten **„Panorama“-Interview vom 20. November 1995**, das von 200 Millionen Fernsehzuschauern auf der ganzen Welt gesehen wurde, machte sie den Ehebruch ihres Mannes für ihre Bulimie und Depressionen verantwortlich. In der ***„Ehe zu dritt“*** sei es einfach zu ***„eng und überfüllt“*** gewesen. (Sie war nicht die bildhübsche Queen Alexandra, die nichts gegen Alice Keppel, Mätresse Edwards VII. und Urgroßmutter Camillas, einzuwenden hatte).

Diana gab unumwunden zu, mit **James Hewitt** ein Verhältnis gehabt zu haben. Ihre wichtigste Botschaft aber bestand darin, dass sie Charles als König für völlig ungeeignet hielt. Sie deutete im Fernsehinterview an, dass die Krone direkt von Elizabeth II. auf **William** (damals noch 13 Jahre alt, Eton-Schüler) übergehen sollte. Nach der Trennung von Charles wolle sie ihre Rolle als *„Botschafterin für Britannien"* und *„Königin der Herzen des Volkes - Queen of people's hearts"* wahrnehmen.

Nach einer MORI-Meinungsumfrage waren nach Dianas Fernsehauftritt 72 % der Bevölkerung dafür, dass Prince Charles auf die Krone verzichten und abdanken solle, wenn er Camilla heiraten wolle (vgl. Edward VIII. und Mrs. Wallis Simpson 1936). Die Queen war der Meinung *„enough is enough"* und drängte jetzt schriftlich auf die sofortige Scheidung. Am **28. August 1996** wurden Charles und Diana offiziell im **Divorce Court / Somerset House** geschieden. Diana durfte den Titel „Princess of Wales" behalten, musste aber ebenso wie Mrs. Simpson 1936/37 auf die Anrede „Your Royal Highness" verzichten. Diana gehörte nicht mehr zu den Royals. Sie wurde mit 17 Millionen Pfund von den 352 Millionen, die Charles besaß, abgefunden, und durfte weiter im **Kensington Palace** wohnen bleiben. Das Wichtigste aber für Diana war, dass man ihr nicht die Kinder wegnahm und beiden Eltern das **gemeinsame Sorgerecht für William und Harry** zugesprochen wurde. Jede andere Regelung hätte zu einem Proteststurm in den Medien geführt. Die Zeiten hatten sich geändert. Heinrich VIII. konnte noch zwei seiner geschiedenen Frauen hinrichten lassen, George I. sperrte seine Frau in Schloss Ahlden ein und verbot ihr jeden Kontakt zu den Kindern, George IV. schloss seine Frau nach einem aufgeschobenen Scheidungsprozess von der Krönungszeremonie aus. Sowohl Diana als auch Prince Charles bemühten sich, vorbildliche Eltern zu sein. In den Sommerferien 1997 zum Beispiel verbrachte Diana den ersten Teil mit den Kindern am Strand von St. Tropez, Charles den zweiten Teil mit Jagen, Angeln und den Highland Games im schottischen Balmoral.

Nach der Enttäuschung über das schäbige Verhalten ihres Lovers James Hewitt - er hatte öffentlich ausposaunt, dass sie ihn zum Sex aufgefordert habe - wandte sich Diana u. a. dem Herzspezialisten **Hasnat Khan** zu. Sie hatte den in Pakistan geborenen Doktor im

„Royal Brompton Hospital“ kennen gelernt. Die Liebesaffäre dauerte von 1995 bis etwa Mai 1997. Um trotz ihrer mangelnden Schulbildung mit dem intelligenten Arzt mithalten zu können, zeigte sie sich sehr lernfähig, als sie sich intensiv mit dem Koran beschäftigte und medizinische Bücher über die Anatomie des Herzens studierte. Hasnat Khan war sehr diskret und publicityscheu. Vielleicht brach er deshalb die Beziehung wieder ab. Er war es leid, nachts heimlich im Kofferraum des Autos von Butler Paul Burrell in den Kensington Palace geschmuggelt zu werden. Im Mai 1997 besuchte Diana Pakistan, offiziell auf Einladung von Imran Khan, um dem von ihm gesponsorten Krankenhaus für Krebspatienten einen Besuch abzustatten, in Wirklichkeit aber um die Familie ihres Lovers Hasnat Khan kennen zu lernen. Danach brach der Kontakt zu dem Herzspezialisten ab. Hatte die streng islamistische Familie Bedenken wegen des lockeren Lebenswandels der ungläubigen, geschiedenen Prinzessin? Fand der solide, hochintelligente Arzt den Megastar zu oberflächlich und flatterhaft? Man weiß es nicht. Der zurückhaltende Kardiologe äußerte sich über diese privaten Dinge in der Öffentlichkeit nicht. Bevor er zehn Jahre später nach Pakistan zurückging und eine Einheimische zur Frau nahm, erklärte er den Untersuchungsbeamten von Lord Stevens lediglich, dass er mit Diana über eine eventuelle Heirat, ihren Übertritt zum Islam und die Übersiedlung in sein Heimatland gesprochen habe. Jedenfalls hätte die innerlich zerrissene Prinzessin von Wales bei Hasnan und seiner Familie moralischen Halt finden können. Stattdessen stürzte sich Diana in ein neues sexuelles Abenteuer. Sie warf sich einem vergnügungssüchtigen Playboy an die Brust. Der Gegensatz zu dem soliden Doktor hätte nicht größer sein können. Wie war es dazu gekommen?

Vom **6. bis 20. Juli 1997** verbrachte Diana mit ihren Kindern den ersten Teil der Schulferien in Südfrankreich. Den Rest der Ferien sollten Wills und Harry in Balmoral bei ihrem Vater und den Großeltern verbringen. Diana war von dem ägyptischen Multimillionär **Mohamed Al Fayed**, dem Eigentümer des Londoner Kaufhauses Harrods und des Pariser Nobelhotels Ritz in sein Haus nach St. Tropez eingeladen worden, da sie hier vor den sie ständig verfolgenden Paparazzi sicher sei.

Diana und die Kinder fühlten sich bei den Al Fayeds sehr wohl. Sie waren überwältigt von der herzlichen Gastfreundschaft des Multimillionärs. Hier lernte Diana auch den Sohn **Dodi Al Fayed** kennen, einen bereits einmal geschiedenen Playboy, der nicht viel mehr gelernt hatte, als das Geld seines Vaters auszugeben. Allerdings war er ein guter Polospieler und hatte sich früher einmal als Filmproduzent versucht. Diana verliebte sich Hals über Kopf in Dodi. Sie wusste nicht, dass er gleichzeitig auch mit Kelly Fisher, einem amerikanischen Fotomodell, ins Bett ging und sich mit ihr am 9. August 1997 verloben wollte. Während sich Diana mit Dodi auf Al Fayeds Luxusyacht „Jonikal" vergnügte, hielt sich Kelly Fisher auf der Yacht „Cujo" auf. Am 20. Juli brachte Diana die Kinder zurück nach London. Von dort wurden sie nach Balmoral gebracht. Diana, William und Harry bedankten sich bei Mohamed Al Fayed für die herzliche Gastfreundschaft. *„William, Harry and I had the best holiday imaginable and your family made us feel so welcome," („William, Harry und ich haben den schönsten Urlaub erlebt, den man sich vorstellen kann, und Ihre Familie hat uns wirklich sehr herzlich empfangen")* schrieb Diana. *„The ‚Jonikal' was an amazing piece of kit and I loved sailing on it," („Die ‚Jonikal' war ein toll ausgerüstetes Fahrzeug und ich liebte es, darauf zu segeln")*, hieß es in Williams Dankesbrief.

Am **22. Juli 1997** nahm Diana in Mailand an der Trauerfeier für den verstorbenen Modezaren Gianni Versace teil und tröstete den weinenden, homosexuellen Freund und Sänger Elton John.

Am **25. Juli** - Kelly Fisher war inzwischen nach Los Angeles abgereist - übernachteten Dodi und Diana im Pariser Ritz.

Am **8. August** flog Diana nach **Sarajewo**, um in **Bosnien** für das Verbot von Landminen zu werben.

Am **10. August 1997** erschien das erste Foto von den sich küssenden Dodi und Diana in dem Massenblatt „Sunday Mirror" unter dem Titel „The Kiss". Für das Paparazzo-Foto waren 4,5 Millionen Dollar bezahlt worden. Kelly Fisher fühlte sich dupiert. Die geplante Verlobung mit Dodi platzte. „The Kiss" schlug ein wie eine Bombe. Jetzt erst erfuhr die Öffentlichkeit von der neuen Liebesaffäre. Von nun an eröffneten die Paparazzi die Hatz auf Diana und ein Schnappschuss von ihr war Millionen wert. Die Massenmedien, die

Diana zur meistfotografierten Frau der Welt gemacht hatten und die die Prinzessin geschickt für ihre Zwecke auszunutzen verstanden, wurden jetzt zu einer Pest.

Vom **15. bis 20. August** ging Diana mit ihrer Freundin **Rosa Monckton** auf eine Kreuzfahrt in die **Ägäis**. Sie waren im Privatjet von Mohamed Al Fayed nach Athen gedüst. Rosa Monckton erklärte später, dass Diana während der Kreuzfahrt *„ihre Tage"* hatte und daher von Dodi nicht schwanger war. Vom **23. bis 30. August** unternahmen Dodi und Diana auf der „Jonikal" eine Mittelmeerkreuzfahrt, wobei sie Korsika, Elba und Sardinien ansteuerten.

Am Sonnabend, dem **30. August 1997**, flogen Dodi und Diana gegen 14 Uhr im Privatjet nach Paris / Flughafen Le Bourget und begaben sich in das Hotel Ritz, wo die Imperial Suite (ca. 9000 bis 10.000 Euro pro Nacht) für sie reserviert worden war. Sie aßen dort zu Abend, bestellten sich Sekt aufs Zimmer und entschieden sich, kurz nach Mitternacht - **Sonntag, der 31. August 1997** - in Dodis Privatappartement / Rue Arsene-Houssaye zu fahren. Da sich vor dem Hotel etwa 20 Paparazzi und 30 Schaulustige versammelt

Das Hotel Ritz in Paris - Letzter Aufenthaltsort von Lady Diana und Dody Al-Fayed (Foto: Arthur Weidmann).

hatten, beschlossen Dodi und Diana, den Hinterausgang zu benutzen und sich von dem Sicherheitsmann **Henri Paul** am Steuer und dem Leibwächter **Trevor Rees-Jones** in einem Ersatz-Mercedes fahren zu lassen. Um die Paparazzi abzulenken, sollte Dodis „Mercedes" mit seinem Chauffeur vor dem Haupteingang stehen und von dort aus in eine andere Richtung fahren. Allerdings ist ihnen diese List nicht geglückt. Am **31. August 1997** kurz nach Mitternacht passierte Folgendes:

0.19 Uhr: Dodi und Diana verlassen das Ritz über den Hinterausgang und nehmen hinten im „Mercedes S 280" Platz. Am Steuer sitzt der angetrunkene Henri Paul und neben ihm angeschnallt der Leibwächter Trevor Rees-Jones.

0.20 Uhr: Abfahrt: Rue Cambon, Rue de Rivoli, Rue de la Concorde, Cours La Reine, Cours Albert 1 er, Pont d' Alma Tunnel.

0.23 Uhr: Der „Mercedes" fährt mit 192 km/h in den Alma-Strassentunnel ein. 64 Meter innerhalb des Tunnels prallt das Auto gegen den 13. Betonpfeiler, wird vorn zusammengedrückt; vorher streift der Wagen einen Fiat „Uno", der sich später nicht mehr auffinden lässt. Henri Paul ist sofort tot, Rees-Jones überlebt schwerverletzt. Auch Dodi im Fond ist sofort tot, Diana scheint schwerverletzt, stöhnt: *„My God. My God."*

0.23 Uhr: Von den ca. zehn Paparazzi, die dem Mercedes auf dem Motorrad oder im Auto folgen, erreicht Romuald Rat auf dem Motorbike als erster Fotoreporter das Autowrack (19 Fotos geschossen).

0.28 Uhr: Der Notarzt Dr. Mailliez kommt zufällig vorbei, leitet Erste Hilfe-Maßnahmen ein, erkennt Diana im Fond nicht.

0.30 Uhr: Zwei Polizisten werden gerufen und treffen am dem Unglücksort ein.

0.40 Uhr: Vier Krankenwagen erreichen den Unglücksort (u. a. Dr. Martino)

1.10 Uhr: Diana wird schwerverletzt mit inneren Blutungen aus dem Autowrack geborgen. Wiederbelebungsversuche nach Herzversagen.

1.15 Uhr: Die Polizei kommt und schließt den Tunnel. Acht Paparazzi werde wegen unterlassener Hilfeleistung verhaftet.

1.20 Uhr: Die Toten Henri Paul und Dodi Al Fayed werden in eine Leichenhalle geschafft.
1.40 Uhr: Die schwerverletzte Diana wird jetzt erst ins Krankenhaus gefahren.
2.06 Uhr: Die bewusstlose Diana wird ins Pitié-Salpetrière-Hospital eingeliefert, u. a. von Prof. Riou und Prof. Pavié behandelt. Herzmassage nach erneutem Herzstillstand.
2.10-3.30 Uhr: Dianas Thorax wird geöffnet, um den 2,5 cm großen Riss in der Pulmonalvene zu schließen und die inneren Blutungen zu stoppen.
4.00 Uhr: Diana wird von den Ärzten für tot erklärt.

Dodis sterbliche Überreste werden noch am gleichen Tage nach Surrey überführt und nach islamischer Sitte binnen 48 Stunden beerdigt. Am 31. August trifft auch Prince Charles mit Dianas Schwestern Sarah und Jane in Paris ein, um den Sarg mit der einbalsamierten Leiche seiner geschiedenen Frau in die **Chapel Royal im St. James's Palace** zu geleiten. Hier vor der Kapelle in London warten in den nächsten Tagen Tausende von Menschen fünf bis sechs Stunden lang, um sich in die im Inneren ausliegenden Kondolenzbücher eintragen zu können.

Der plötzliche Unfalltod von Prinzessin Diana schockierte die Menschen nicht nur in Großbritannien und im Commonwealth, sondern ebenso in Deutschland und auf der ganzen Welt.

Rundfunk und Fernsehen unterbrachen am Sonntagmorgen das Programm und berichteten pausenlos über das tragische Unglück im Alma-Tunnel. Überall auf den Straßen in England fielen sich die Menschen weinend in die Arme. Spontan pilgerten Tausende von Menschen zum **Kensington Palace** und **Buckingham Palace**, um dort tonnenweise Blumen, Kränze, Trauerkarten, Beileidsbriefe und Opfergaben abzulegen.

Dianas Bruder **Earl Charles Spencer** meldete sich von seinem Wohnsitz in Südafrika zu Wort und machte die Paparazzi für den Tod seiner Schwester verantwortlich: *„I have always believed the press would kill her in the end!“* Die sieben am Unfallort festgenommenen Paparazzi sollten deshalb wegen unterlassener Hilfeleistung vor Gericht gestellt werden.

Vor dem Kensington Palace legten nach dem Bekanntwerden des tragischen Todes von Lady Diana, der „Königin der Herzen“, die trauernden Londoner ein Meer von Blumen und Kränzen ab (Foto: Sammlung Eckehard Korthals).

Der charismatische **Tony Blair**, der gerade einen großartigen Wahlsieg errungen hatte, kam den Royals zuvor und hielt mit tränenerstickter Stimme eine ergreifende Rede an die trauende Nation. Sehr zum Ärger von Queen Mum stahl er der Königin Elizabeth II. die Show, als er Diana als ***„Prinzessin des Volkes“*** *(„people's princess“)* bezeichnete. Alles trauerte, nur die Königin blieb stumm. Sie hatte sich mit Prinzgemahl Philip und den Enkelkindern William und Harry in **Balmoral** verschanzt. Der einfache Mann auf der Straße zeigte mehr Mitgefühl als die reservierte Königin, der man Herzlosigkeit und Gefühlskälte vorwarf. Überall wehten die Flaggen auf halbmast, nur vom Buckingham Palace nicht (die Flagge weht nur, wenn die Queen dort residiert).

„Wo bleibt die Königin? Warum zeigt die Queen keine Regung! Sprich zu uns, Madam, und tröste Deine trauernden Untertanen! Wo ist die Flagge der Königin?“ („Where is her flag?“) „Wo ist die Königin?“ („Where is our queen?“), so oder ähnlich lauteten die Hauptüberschriften in den Boulevardblättern. Nie war die Kluft zwischen

Volk und Monarchin größer als jetzt. In Großbritannien hatte eine **Massentrauer** eingesetzt, die bereits in eine **Massenpsychose und Massenhysterie** überzugehen drohte. Die Königin hatte verkannt, dass ***„die Königin der Herzen"***, der sie den Titel „Your Royal Highness" aberkannt hatte, vom einfachen Volk mehr geliebt und verehrt wurde als je ein erblicher Monarch.

In dem 2006 produzierten Kinofilm „The Queen" (Drehbuchautor: Peter Morgan, Regisseur: Stephen Frears) soll die Königin angeblich überlegt haben, ob sie zurücktreten solle. *„Wenn man sein eigenes Volk nicht mehr versteht, dann ist es vielleicht Zeit für die Übergabe an die nächste Generation."* Queen Mum soll ihr aber geraten haben, sich nicht einschüchtern zu lassen. Das ist natürlich Fiktion. Die Königin dachte gar nicht daran zurückzutreten. Sie hielt es einfach unter ihrer königlichen Würde, in der Öffentlichkeit übertriebene Emotionen zu zeigen. Ein Monarch hatte ihrer Meinung nach auch in widrigsten Situationen *„calm, cool and collected"* zu bleiben.

Warum sollte sie auch Tränen vergießen? Hatte sich Diana durch ihre vielen sexuellen Eskapaden ihr Unglück nicht selbst zuzuschreiben? Hatten die Massenmedien sie nicht ins Verderben gestürzt, indem sie Diana zunächst zum Megastar aufbauten und dann durch ihre Paparazzi gnadenlos verfolgten?

Die Queen musste sich schließlich dem Druck ihrer Untertanen beugen, wenn sie nicht auf den Thron verzichten wollte. Noch nie in ihrem Leben hatte ihre Popularität solch einen absoluten Tiefpunkt erreicht. Sie musste handeln und in London Präsenz zeigen. Kaum waren Queen Elizabeth, der Herzog von Edinburgh, William und Harry am 5. 9. aus Balmoral zurückgekehrt, traten sie vor den **Buckingham Palace**, um das Meer von Blumen, Kränzen, Beileidskarten voller Lobgedichte auf die Königin der Herzen, Teddybären und anderen Trauerbezeugungen mit gebührendem Respekt in Augenschein zu nehmen. Endlich am Freitagmorgen wehte die Fahne vom Buckingham Palace auf halbmast. Am Freitagabend, fünf Tage nach dem tragischen Unfall, wandte sich die Königin live im Fernsehen an das Volk.

Sie lobte Diana als *„ein außerordentliches und begabtes menschliches Wesen"*, das sie wegen ihrer Energie und ihres Engagements für andere bewundere. Sie bedankte sich auch im Namen von Charles, William und Harry bei all den vielen Menschen, die auf so eindrucksvolle Weise durch Blumen und andere Beileidsbezeugungen einer so *„bemerkenswerten Persönlichkeit“ („remarkable person“)* ihren Respekt gezollt hatten. Sie entschuldigte ihr langes Fernbleiben damit, dass sie sich um William und Harry habe kümmern müssen.

Als der Sarg mit den sterblichen Überresten der Prinzessin von Wales am Freitagabend (5.9.) um 21 Uhr, einen Tag vor der Beisetzung, vom St. James's Palace zum Kensington Palace überführt wurde, säumten Zehntausende von Menschen den Straßenrand, um von Diana mit brennenden Kerzen in der Hand, Abschied zu nehmen.

Für die perfekt organisierten Beisetzungsfeierlichkeiten am **Samstag, dem 6. September 1997**, war **Staatstrauer** angeordnet worden. Die Geschäfte, Kinos und Museen im Lande blieben geschlossen. Alle Sportveranstaltungen wurden abgesagte. Ein Referendum in Schottland und Wales verschoben. Die Gedenkfeier für *„die Königin der Herzen“* fand in der **Westminster Abbey** statt. Diana wurde die Ehre zuteil, wie ein Staatsoberhaupt verabschiedet zu werden. Unter der 2000 Trauergästen befanden sich Prominente aus Politik, Film, Pop und Mode, so z. B. Hillary Clinton, Henry Kissinger, Steven Spielberg, Nicole Kidman, Luciano Pavarotti, Elton John, Chris de Burgh, die Versaces, um nur einige zu nennen.

Millionen von Menschen säumten den Weg, als sich der Trauerzug vom Kensington Palace zur Westminster Abbey begab. Als der Sarg den Buckingham Palace passierte, stand die königliche Familie vor dem Haupttor, und die Queen ließ sich mit versteinerter Miene sogar dazu herab, vor der verstorbenen Rivalin leicht den Kopf zu senken. Beim St. James's Palace reihten sich Philip, Charles, William und Harry sowie Charles Spencer in den Trauerzug ein und schritten zu Fuß hinter dem auf einer Lafette liegenden, mit weißen Blumen geschmückten Sarg her. Vorn auf dem Sarg konnte man ein Blumengebinde aus weißen Rosen von Harry sehen, mit der Aufschrift: „Mummy“. Allen Zuschauern fiel die Ähnlichkeit zwischen dem 15-jährigen, blonden William mit dem traurigen, leicht gesenkten Blick und seiner verstorbenen Mutter auf.

Hinter den Royals folgten im Trauerzug die Vertreter von Wohlfahrtsorganisationen und unterprivilegierten armen Menschen, für die sich Diana eingesetzt hatte (Aids-Kranke, Opfer von Landminen, Obdachlose, Behinderte).

In der **Westminster Abbey** hielten Sarah und Jane, die Schwestern Dianas, sowie Premierminister Tony Blair kurze Lesungen aus der Bibel. Earl Charles Spencer, der jüngere Bruder Dianas, hielt die Trauerrede. Er kritisierte nicht nur die sensationslüsterne Boulevardpresse, die seine nach der Jagdgöttin Diana benannte Schwester zu Tode gehetzt habe, sondern indirekt auch die Windsors, die ihr den königlichen Titel „Your Royal Highness" aberkannt und aus dem Familienverband ausgeschlossen hatten. *„Sie war ein Mensch von natürlicher Nobilität, die Klassenschranken durchbrach und auf ihre Weise bewies, dass man die Menschen auch ohne königlichen Titel auf magische Weise in ihren Bann ziehen kann."*

Mohamed Al-Fayed kam über den Unfalltod seines Sohnes und Lady Diana nicht hinweg und vermutete ein Mordkomplott des britischen Geheimdienstes (Foto: Abi Skipp).

Charles Spencer, der jüngere Bruder von Diana, hielt die Trauerrede und kritisierte die sensationslüsterne Boulevardpresse und auch die Royals (Foto: Edwardx).

(Später bestritt Earl Spencer, dass diese Rede gegen die Windsors gerichtet war, sie wurde aber von vielen Zuhörern so aufgefasst). Die Menschen, die vor der Abtei die Rede auf großen Bildschirmen verfolgt hatten, spendeten Earl Spencer spontan Beifall, der bis ins Innere der Kirche drang. Das hatte es bei einer Trauerfeier an diesem ehrwürdigen Ort noch nicht gegeben. Auch die Zuhörer in der Abtei klatschten jetzt Beifall, selbst William und Harry, nur die Queen und der Herzog von Edinburgh nicht.

Besonders ergriffen waren die Menschen, als Elton John das Lied „Candle in the wind" sang (ein ursprünglich für Marylin Monroe bestimmtes Lied, das jetzt von ihm umgeschrieben worden war):

„Your footsteps will always fall here,
among England's greenest hills,
your candle's burned out
long before your legend ever will."
„Deine Schritte werden immer ihre Spuren hinterlassen,
zwischen Englands grünen Hügeln,
Deine Kerze ist erloschen
lange bevor es Deine Legende jemals sein wird.")

(Später wurden von dieser Version 40 Millionen Platten verkauft; der Erlös ging an den „Diana Memorial Fund").

Nach dem Trauerakt fand die Beisetzung Dianas im engsten Familienkreis unter Ausschluss der Presse auf dem Landgut der Spencers in **Althorp / Northamptonshire** statt. Auf der Insel im See fand Diana ihre letzte Ruhestätte.

An dem Trauerzug und den Trauerfeiern hatten sechs Millionen Briten teilgenommen. Die BBC hatte den Trauergottesdienst in der Westminsterabtei in 187 Länder der Erde übertragen. Über **zwei Milliarden Menschen** - das hatte es bisher in der Geschichte der Massenmedien noch nicht gegeben - sollen die Trauerzeremonie am Bildschirm verfolgt haben.

Der Tod der Prinzessin Diana sollte die königliche Familie noch jahrelang beschäftigen. Man hatte in den nächsten zehn Jahren den Eindruck, als ob die Jagdgöttin Diana wie eine drohende Wolke als Racheengel über den Windsors schwebte.

Ehrenhof in Althorp House in Northamptonshire, das sich seit 1508 im Besitz der Adelsfamilie Spencer befindet, bekannt geworden als Elternhaus und Grablege (s. u.) von Prinzessin Diana (Foto: Daderot).

Grabinsel und Gedenktempel für Prinzessin Diana in Althorp Park. (Foto: James Denham)

Die französische Polizei stellte nach eingehender Untersuchung in ihrem Bericht fest, dass der tragische Unfall durch den betrunkenen Fahrer **Henri Paul** verursacht worden sei, als er mit 192 km/h in den Alma-Tunnel gerast sei. Paul, der bei dem Unfall selbst ums Leben kam, hatte einen Alkoholspiegel von 1,74 Promille und war somit absolut fahruntüchtig. Wären Prinzessin Diana und Dodi angeschnallt gewesen, hätten sie vielleicht überleben können.

Mohamed Al Fayed konnte über den Tod seines Sohnes Dodi nicht hinwegkommen. Obgleich die Queen ihm am 3. 9. aus Balmoral einen Beileidsbrief schickte, in dem sie u. a. schrieb: *„Words cannot describe the loss that is felt and we share in your grief"* (*„Worte können den Verlust, den man fühlt, nicht beschreiben, und wir teilen Ihren Schmerz"*), war er nicht zu besänftigen. Der ägyptische Multimillionär beschuldigte die *„German Windsors"*, diese *„German foreigners"*, den Tod von Dodi und Diana geplant zu haben. Mit German bezog er sich nicht nur auf die deutschen Wurzeln der Windsors, sondern er meinte damit auch den hässlichen, brutalen Deutschen der antideutschen Kriegsfilme der Nachkriegszeit. Er schürte die latenten antideutschen Ressentiments, die nicht nur in Fußballstadien, sondern gelegentlich auch in britischen Boulevardblättern zum Ausdruck kamen (sog. „German bashing"). So führte z. B. ein Kommentator in der „Mail on Sunday" (9. Mai 2004) den Präventivschlag gegen Saddam Hussein im Irak allen Ernstes auf das inhärente deutsche Aggressionspotential in der amerikanischen Politik zurück (nicht nur auf den deutschstämmigen Verteidigungsminister Donald Rumsfeld).

Mohamed Al Fayed beschimpfte **Philip** als „Nazi", der das Mordkomplott des Geheimdienstes MI 6 in Auftrag gegeben habe. Die Royals wollten seiner Meinung nach verhindern, dass Diana einen Muslim heirate. Dodi und Diana hätten schon alles für die Bekanntgabe der Verlobung am 1. September 1997 geplant. Dodi habe bereits einen Verlobungsring gekauft; man sei spät abends noch einmal vom Ritz losgefahren, um den Ring aus Dodis Privatwohnung zu holen. Diana sei bereits von Dodi schwanger gewesen. Die Kollision des „Mercedes S 280" mit dem „Fiat Uno", in dem der Geheimagent James Andanson von der MI 6 saß, sei geplant gewesen. Helle Scheinwerfer, getarnt als Blitzlichter der Paparazzi, sollten den Fahrer Henri Paul, der nicht fahruntüchtig gewesen sei, blenden, damit er mit dem weißen Fiat „Uno" zusammenstoße.

In den nächsten Jahren tauchten immer wieder neue Verschwörungstheorien auf, die aber von dem ehemaligen Scotland Yard-Chef (Metropolitan Police Chief Commissioner) **Lord Stevens** widerlegt wurden. Im **Dezember 2006** veröffentlichte er den 871 Seiten langen Untersuchungsbericht, der 20.000 Dokumente (darunter 1500 Zeugenaussagen) enthielt, der 3,69 Millionen Pfund gekostet und an dem ein Team von 15 Kriminalbeamten mitgewirkt hatte. Die britische Untersuchungskommission von Lord Stevens kam ebenso wie der französische Polizeibericht zu dem Schluss, dass Diana und Dodi durch einen tragischen Autounfall ums Leben gekommen seien. Ein Mordkomplott habe es nicht gegeben. Schuld sei der Fahrer Henri Paul gewesen, der die Höchstgeschwindigkeit überschritten und mit 1,74 Promille Alkohol im Blut fahruntüchtig gewesen sei. Viele Zeitungskommentatoren meinten, dass der Fall damit 2006 abgeschlossen sei, und auch die Prinzen William und Harry zeigten sich mit dem Untersuchungsbericht zufrieden.

Prinzessin Diana mit ihrem letzten Partner Dodi Al-Fayed, Gedenkschrein im Londoner „Harrods" (Foto: Bobak Ha`Eri).

Nur Mohamed Al Fayed glaubte weiterhin an eine Verschwörung, die von den Royals ausging. *„My son was killed by those German Windsors. This royal family will disappear.“ („Mein Sohn wurde von jenen deutschen Windsors getötet. Diese königliche Familie wird verschwinden“)* drohte er. Diana habe ihm persönlich mitgeteilt, dass sie um ihr Leben bange. Schon 1995 habe sie sich vor einem Mordanschlag gefürchtet und den Autounfall vorhergesagt. In einem Brief an ihren Butler Paul Burrell schrieb Diana auf dem Höhepunkt des Scheidungskrieges: *„This particular phase in my life is the most dangerous - my husband is planning an ‚accident‘ in my car, brake failure and serious head injury in order to make the path clear for him to marry Tiggy.“ („Diese besondere Phase in meinem Leben ist die gefährlichste - mein Mann plant einen Unfall in meinem Auto, Bremsversagen und schwere Kopfverletzungen, um ihm den Weg freizumachen, Tiggy zu heiraten.“* - Oktober 1993) In Dianas Wahnvorstellungen war es jetzt nicht mehr Camilla, die Charles heiraten wolle, sondern das hübsche Kindermädchen Tiggy Legge-Bourke. Einer Schauspielerin gegenüber äußerte Diana einmal, sie habe Angst, wie Maria Stuart zu enden, die ja auf Befehl Elizabet`s I. hingerichtet wurde. Zwei Monate vor ihrem Tode sagte sie zu der Journalistin Ingrid Seward: *„Ich weiß, es scheint jetzt albern zu klingen, aber ich hatte wirklich Angst, dass etwas mit den Bremsen an meinem Auto passieren könnte.“* Angeblich soll sich Diana auch vor dem Herzog von Edinburgh gefürchtet haben: *„Prince Philip wants to see me dead.“ („Prinz Philip will mich tot sehen“).*

Am 10. November 2002 berichtete die „Mail on Sunday“, dass der Butler Paul Burrell im Besitz einer Reihe von Briefen sei, die Prinz Philip an seine Schwiegertochter gerichtet habe. Darin soll er Diana als *„Schlampe“* (trollop) und *„Hure“* (harlot) beschimpft haben, die die königliche Familie zerstören wolle. Sie solle sich gefälligst mit dem Seitensprung von Prince Charles abfinden. Bei einer Durchsuchung von Burrells Wohnung anno 2001 sind diese brisanten Briefe, die Dianas psychische Beraterin Simone Simmons auch eingesehen haben will, aber nicht gefunden worden. Als Gegenbeweis legte Philips Privatsekretär 2007 dem Gericht einige Briefe aus dem Jahre 1992 (Juni / Juli) vor. Sie zeigen, dass Diana in der Ehekrise mehr Vertrauen zu Prinz Philip als zu allen anderen Royals hatte. Sie redet ihren verehrten Schwiegervater mit *„Dearest Pa“ („Liebster Pa“)* an und dankt ihm für seinen Einsatz als Eheberater und Vermittler. Philip betont, dass sein Sohn von Sinnen sein müsse, wenn er Diana wegen Camilla verlasse *„I cannot imagine anyone in their right mind leaving you for Camilla“. („Ich kann mir nicht vorstellen, dass jemand noch ganz bei Trost ist, der Dich wegen Camilla verlassen will“.)* Er unterzeichnete seine Briefe mit *„fondest love, Pa“ („zärtlichste Liebe, Pa“).*

Mohamed Al Fayed rückte von seiner Verschwörungstheorie nicht ab. Der 2006 vorgelegte Polizeibericht solle den Mordkomplott nur verschleiern. Oblgeich die Polizei 4668 weiße Fiats „Uno“ überprüft hatte, konnte der „Fiat“, der mit dem „Mercedes“ im Alma-Tunnel kollidiert war, nicht gefunden werden. Der Wagen von **James Andanson** konnte es nicht gewesen sein. Sein „Fiat“ stand am 31. August 1997 zur Zeit des Unfalls 170 Meilen südlich, reparaturbedürftig und ohne Reifen, aufgebockt in einer Garage in Ligniere. Andanson befand sich am 31. August 1997 auf Korsika. Zwei Jahre später kam er bei einem **Autounfall** in einem „BWM“ ums Leben. Für Mohamed Al Fayed war es ganz klar. Ein wichtiger Tatzeuge, der für den Geheimdienst gearbeitet hatte, war beseitigt worden.

Es gab noch einige andere Ungereimtheiten. Nach dem französischen Polizeibericht war der „Mercedes“ innerhalb des Tunnels mit dem Fiat „Uno“ kollidiert. Lord Stevens und seine Untersuchungskommission kamen aber zu dem Schluss, dass der „Mercedes“ 50 Meter außerhalb des Tunnels mit dem „Fiat“ zusammengestoßen sein müsse. Die französische Polizei hatte es leider unterlassen, die Bremsspuren zu vermessen, und den Pont d’Alma-Tunnel viel zu früh wieder für den Verkehr freigegeben.

Mohamed Al Fayed war nach wie vor der Meinung, dass der Autounfall vom 31. August 1997 ein **Mordkomplott** gewesen sei, das von Prince Charles und dem Herzog von Edinburgh als *„Kopf“ („mastermind“)* der Verschwörung geplant und von den Agenten des Geheimdienstes MI 6 ausgeführt worden sei. Er plädierte deshalb dafür, dass Charles und Philip sich vor einem öffentlichen Gericht verantworten sollten: *„I want Charles and Philip together in Court. These are the people who ordered the murder.“ („Ich will*

Charles und Philip zusammen vor Gericht sehen. Sie sind die Menschen, die den Mord befohlen haben"). Mohamed Al Fayed beantragte beim **High Court eine öffentliche Gerichtsverhandlung** unter Vorsitz eines Coroners (Untersuchungsrichters), der die Royals und die Geheimagenten als Zeugen vernehmen und dann mit Hilfe einer Jury zu einem abschließenden Urteil kommen sollte. Baroness Butler-Sloss wollte als Untersuchungsrichterin die Befragung der Zeugen in Eigenregie ohne eine Jury durchführen. Al Fayed legte Berufung ein und hatte Erfolg. Im März 2007 beschloss der High Court, dass dem Untersuchungsrichter eine Jury zur Seite gestellt werden solle. Lady Butler-Sloss trat daraufhin zurück, und ab Oktober 2007 übernahm Lord Justice Scott Baker den Posten als Coroner.

Das Geschworenengericht kam mit einem Abstimmungsergebnis von 9 : 2 im April 2008 zu dem gleichen Urteil wie der abschließende französische und britische Untersuchungsbericht. Es war ein tragischer Unfall, der durch den angetrunkenen Chauffeur und die Paparazzi verursacht worden war, aber kein Mordkomplott auf Veranlassung der Windsors.

Wenn es nach Al Fayed gegangen wäre, dann hätte auch die Queen vor dem Obersten Gerichtshof erscheinen und erklären sollen, was sie damit meinte, als sie zu dem Butler **Paul Burrell** in einem angeblich zweieinhalb- bis dreistündigen Gespräch am 12. Dezember 1997 sagte: *„There are powers at work in this country of which we have no knowledge." („In diesem Lande sind Mächte am Werk, von denen wir nichts wissen.")*

Wenn die Queen diese Äußerung überhaupt getan hat, so bezog sich das nicht auf eine Verschwörung des Geheimdienstes, sondern auf brisantes Videomaterial (u. a. über homosexuelle Vorgänge am Hofe), das Paul Burrell nach dem Tode Dianas aus dem **Kensington Palace** in Sicherheit gebracht hatte.

Der ehemalige Kammerdiener **George Smith** hatte Diana im Jahre 1995 berichtet, dass er 1989 von einem eng mit Prince Charles befreundeten Höfling unter Alkohol gesetzt und dann von diesem Homosexuellen vergewaltigt worden sei. 1995 habe dieser Höfling ihn dann nochmals auf der königlichen Yacht „Britannia" in Ägypten sexuell belästigt. Es war ja bekannt, dass Diener und Höflinge auf der „Britannia“ Schwulenpartys feierten. Queen Elizabeth, die ja bereits als Kind an homosexuelle Diener gewöhnt war, nahm das anfangs stillschweigend hin. Gefährlich aber für das Ansehen und den Fortbestand der Monarchie war es, dass George Smith darüber hinaus Diana offenbarte, dass dieser schwule Höfling es auch mit einem bekannten männlichen Mitglied der königlichen Familie getrieben habe (Prince Charles? Der weichliche Edward, der vor seiner Hochzeit mit Sophie als Homo verdächtigt wurde?). Diana lud den ehemaligen Diener George Smith, einen notorischen Alkoholiker, 1996 in den Kensington Palace ein, flößte ihm reichlich Champagner ein und nahm seine Geschichten über den homosexuellen Hof per Videoband auf, um diese gegebenenfalls im Scheidungsprozess gegen Charles verwenden zu können. Nach dem Tode Dianas gingen die Ton- und Videobänder in den Besitz von Paul Burrell über. Im Jahr **2001** wurde der Butler angeklagt, 310 wertvolle Gegenstände aus dem Nachlass Dianas entwendet zu haben. Darunter befand sich auch ein 500.000 Pfund teures, mit Juwelen besetztes silbernes Schmuckstück in Form eines 60 Zentimeter langen, arabischen Segelschiffes (Dhau). Paul Burrell wurde von Scotland Yard verhaftet, sein Haus in Farndon / Cheshire durchsucht, die in einer Holzkassette aufbewahrten, verräterischen Videobänder und Briefe aber fand die Polizei nicht. Im **November 2002** wurde der Prozess plötzlich eingestellt und Paul Burrell wieder freigelassen.

Die Queen hatte interveniert, indem sie dem Gerichtshof Old Bailey mitteilen ließ, dass Paul Burrell ihr am 19. Dezember 1997, kurz nach dem Tode Dianas, mitgeteilt habe, er wolle einige Gegenstände aus dem Kensington Palace in Sicherheit bringen. Die Queen wollte vermeiden, dass das Haus Windsor im Jahre ihres Goldenen Thronjubiläums weiter öffentlich in den Schmutz gezogen wurde. Der Rachegeist der Jagdgöttin Diana schwebte immer noch über dem Hause Windsor, und Queen Mum hatte schon Recht, wenn sie sagte: *„Wer hätte das gedacht, dass das Mädchen nach dem Tode mehr Schwierigkeiten macht und lästiger ist als zu Lebzeiten.“ („[...] more troublesome in death than she was in life.“)*

Das **Jahr des Goldenen Thronjubiläums 2002**, in dem die 50-jährige Regentschaft der Queen gefeiert werden sollte, begann zunächst mit zwei traurigen Ereignissen: Am **9. Februar 2002** starb die Schwester der Königin im Alter von 71 Jahren. **Princess Margaret**, eine Kettenraucherin, war zuletzt nur noch an den Rollstuhl gefesselt, nachdem sie mehrere Schlaganfälle erlitten hatte. Die private Trauerfeier fand in der St. George's Chapel / Windsor statt, an der auch die gebrechliche Queen Mum mit ihren fast 102 Jahren teilnahm. Obgleich sie nach einem Unfall auf Krücken ging und gestützt werden musste, ließ sie es sich nicht nehmen, einen Hubschrauber zu besteigen und von Sandringham nach Windsor zu fliegen, um bei der Beerdigung Margarets dabei zu sein. Der Tod ihrer Tochter hatte **Queen Mum** aber doch so zugesetzt, dass sie kurz darauf am **30. März 2002**, einen Tag vor Ostern, an Altersschwäche starb. Nach dem Tode von Diana war sie das beliebteste Mitglied der königli-

Das Jahr des Goldenen Thronjubiläums (2002), in dem die 50-jährige Regentschaft von Elizabeth II. gefeiert werden sollte, begann mit zwei traurigen Ereignissen: Princess Margaret (links), ihre jüngere Schwester, starb im Alter von 71 Jahren, und bald darauf folgte ihr Queen Mum (rechts), das beliebteste Mitglied der königlichen Familie (Foto links: David S. Paton, Foto rechts: Allan Warren).

chen Familie. Sie war eine Heilige, eine Ikone, die es meisterhaft verstand, mit den Massenmedien umzugehen. Ihr Hang zum Alkoholismus (Gin), ihre Verschwendungssucht (83 Bedienstete), ihre rassistischen Bemerkungen wurden von der Presse heruntergespielt. Äußerlich immer nur freundlich-mild lächelnd, scheinbar ohne Fehl und Tadel, in Wirklichkeit aber *„stahlhart, eine eiserne Faust in einem Samthandschuh“* (*„an iron fist in a velvet glove“* - „Daily Express“, 19. Juli 2000). Sie bezeichnete, wie bereits kurz erwähnt, die Deutschen gern als *„Hunnen“* und pries 1992 bei der Enthüllung des Denkmals für Arthur Harris, der die deutschen Städte als Luftmarschall systematisch durch Flächenbombardements verwüsten ließ, diesen *„Bomber“* als *„inspirierenden Führer“*. (s. o.)

Die Briten hatten ihre „Walkabouts“ im zerbombten London während des Zweiten Weltkrieges nicht vergessen. Zehntausende von Menschen säumten die Straßen, als der Sarg mit den sterblichen Überresten der *„Mutter der Nation“ („the Nation’s Mum“)* am 5. April 2002 von **Clarence House** am **St. James’s Palace** zur **Westminster Hall** im Parlamentsgebäude überführt wurde. Drei Tage und drei Nächte hatte die Bevölkerung Gelegenheit, von Queen Mother Elizabeth Abschied zu nehmen und am Sarg vorbeizudefilieren. Drei Meilen lang war die Schlange der Menschen, die sich Picknickkörbe mitgebracht hatten und sich an der Themse vor der Westminster Hall anstellten, um nach stundenlangem Warten endlich der toten Königin ihre Reverenz zu erweisen.

Die Prinzen Charles, Andrew, Edward und Viscount Linley lösten sich nacheinander ab, um am Sarg medienwirksam die letzte Nachtwache zu halten. Der **Trauerzug** am **9. April 2002** durch London wurde zu einem fast ebenso spektakulären Ereignis wie das Staatsbegräbnis von Diana 1992. Eine Million Menschen säumten die Straßen und etwa eine Milliarde Zuschauer verfolgten das perfekt organisierte Schauspiel auf dem Bildschirm.

Drei Wochen später legte Queen Elizabeth II. die Trauerkleidung ab, um anlässlich ihres goldenen Thronjubiläums vor den versammelten Mitgliedern des Ober- und Unterhauses in der Westminster Hall eine Rede zu halten, die wie immer klar, emotionslos und relativ kurz war. An ihrer glockenreinen, distingierten Aussprache - klar und sauber wie eine deutsche Englischlehrerin - hätten sich

William und Harry ein Beispiel nehmen können. Obgleich ihre Enkel in Eton den gepflegten „public school accent“ gelernt haben sollten, war ihre Aussprache manchmal etwas „sloppy“ (nachlässig).

Bis auf die fünf Tage nach dem Unfalltod von Prinzessin Diana bot die Königin in ihren 50 Regierungsjahren wenig Anlass zur Kritik. Im Gegensatz zu ihrem ältesten Sohn einigte sie die Nation und spaltete sie nicht. Sie verstand es, sich aus allen politischen, wirtschaftlichen und kulturellen Streitfragen herauszuhalten und neutral zu bleiben.

Wenn Prince Charles sich dagegen über Architektur, Homöopathie (alternative Medizin), biologisch-dynamische Landwirtschaft, organischen Gartenbau oder Pädagogik verbreitete, gab es immer wieder heftigen Widerspruch von Fachleuten, die sich über seine einseitigen, laienhaften Äußerungen lustig machten. Nach dem Tode Dianas, für den er direkt oder indirekt verantwortlich gemachte wurde, war er so unpopulär, dass er es zunächst nicht wagte, in der Öffentlichkeit aufzutreten. Selbst von Wohltätigkeitsveranstaltungen hielt er sich fern. Er wollte nicht, dass es ihm so erging wie 1996 nach der Veröffentlichung der Camillagate-Tonbänder, als ein Mann bei einem Wohltätigkeitsbasar auf ihn zuging und ihn verächtlich fragte, ob er denn keinen Anstand habe und keine Scham empfinde. Prince Charles musste sogar befürchten, von der Menge gelyncht zu werden. 1997 hielten ihn nur 30 % für das Amt des Königs geeignet.

Nach einer Meinungsumfrage im „Daily Express“ vom 19. Juli 2000 war eine Mehrheit von 42 : 41 % dafür, dass Prince Charles zugunsten seines damals 18-jährigen Sohnes William auf den Thron verzichten solle. 73 % der Befragten hatten zwar nichts dagegen, dass der Kronprinz seine Mätresse heiraten würde, Camilla dürfe aber nie Queen werden.

Nach dem Tode von Prinzessin Diana musste das Pressebüro des Thronfolgers alles tun, um das lädierte Image von Prince Charles aufzupolieren. Zunächst wurde betont, dass Charles nicht die Absicht habe, wieder zu heiraten. Er wurde nicht nur als Förderer zahlloser Wohlfahrtsorganisationen präsentiert, sondern als treusorgender Vater, der sich rührend um seine Söhne Harry und William kümmere. Er versuchte ein „Keep smiling“, wenn die „bloody“ Paparazzi ihn und seine Kinder beim Skiurlaub in Klosters (Schweiz) oder beim Angeln bzw. Jagen in Schottland verfolgten. Als Alleinerziehender bemühte er sich um die Fortbildung seiner Söhne. Er ersparte ihnen die ihm bekannte, ungeliebte Internatsschule Gordonstoun in Schottland und schickte sie auf die elitäre Privatschule Eton College. **Prince William** erreichte drei A-Levels (Leistungskursniveau) in Geografie, Kunstgeschichte und Biologie. Anschliessend studierte er an der schottischen **Universität St. Andrews**, wo er seine Freundin **Kate Middleton** kennenlernte. Obgleich Charles die Presse gebeten hatte, seinen Sohn in Ruhe studieren zu lassen, war es ausgerechnet die „Ardent"-Fernsehproduktionsgesellschaft seines jüngsten Bruders **Edward**, die in St. Andrews einen Film über Prince William drehen wollte. Prince Charles und die Queen waren *„not amused"*, vor allem als Edwards hübsche Frau **Sophie** (PR-Managerin) sich von einem als Scheich getarnten Reporter 2001 hatte hereinlegen lassen und diesem ein Interview gegeben hatte: Dem Scheich hatte sie anvertraut, dass *„Charles und Camilla die Nr. 1 auf der Liste der unpopulärsten Menschen in Großbritannien"* seien. Die Queen nannte sie despektierlich *„die gute Alte"*, Queen Mum *„die alte Lady"*, Cherie Blair *„schrecklich"* und Tony Blair zu *„präsidentenhaft"*. Die Aufregung um Sophie sollte sich bald legen. Sie gab ihren PR-Job auf und war nach der Geburt ihres Kindes 2003 voll in die königliche Familie integriert.

Der Innenhof der renommierten schottischen Universität St. Andrews, an welcher der studierende Prince William seine Freundin Kate Middleton kennenlernte (Foto: Holger Uwe Schmitt).

Sorgen machten Prince Charles die schulischen Leistungen von **Harry**. Er war ein sportlicher Typ, hatte aber für wissenschaftliche Fächer wenig übrig. Als er 2003 die renommierte Eton Public School verließ, hatte er es gerade einmal mit Ach und Krach auf zwei A-Levels gebracht. Seine Tutorin, die Kunsterzieherin Sarah Forsyth, die Eton wegen *„mangelnder pädagogischer Fähigkeiten"* verlassen musste, erklärte später, Harry habe sich die A-Levels erschlichen. Der Fachleiter in Kunst, Ian Burke, habe Harry bei der Erstellung der Examensarbeit in Kunst geholfen, indem er der *„rudimentären Zeichnung"* erst den letzten Schliff gegeben habe. Nachdem der 18-jährige Harry die Internatsschule verlassen hatte, flippte er regelrecht aus. Er entwickelte sich zum „enfant terrible" der königlichen Familie. Er rauchte, nahm Drogen, betrank sich unmässig bei Saufgelagen in privaten Nachtclubs, erschien bei einem Kostümfest in der deutschen Uniform des Afrikakorps mit Hakenkreuzarmbinde. Seine große Liebe war Chelsy Davy, die er in Kapstadt besuchte und die dann in seine Nähe nach Leeds zog, um dort Politikwissenschaften zu studieren.

Nach zwei Jahren des Herumvagabundierens sollte Harry an Zucht und Ordnung gewöhnt werden. Von **Mai 2005** an besuchte er die **Militärakademie in Sandhurst** und wurde genauso hart angefasst

Die Prinzen Harry und William besuchten in den Jahren 2005 und 2006 die Royal Military Academy in Sandhurst, wo sie genauso behandelt wurden wie alle anderen Kadetten (Foto: Simon Johnston).

wie alle anderen 241 Kadetten. Harry liebte den militärischen Drill. Sandhurst lag ihm mehr als Eton. Im **April 2006** verließ er die Akademie nachdem er es zum Panzertruppenführer gebracht hatte. Der Abschied von dort wurde in einer 36-stündigen Sauforgie im Bouijis-Club / South Kensington gefeiert, an der auch sein Bruder und ihre Freundinnen teilnahmen. Die Prinzen hatten dafür 2500 Pfund ausgegeben.

Harry brannte darauf, mit seiner Einheit im Mai 2007 im Irak eingesetzt zu werden. Er wollte nicht kneifen und an vorderster Front kämpfen wie Onkel Andrew seinerzeit im Falklandkrieg. Aber das Risiko war zu groß. Harry wäre im Irak zur Zielscheibe der Terroristen geworden, die bereits höhnten, sie würden dem Prinzen die Ohren abschneiden. Deshalb beschloss der Kommandant der Blues and Royals, ihn nicht in den Irak abzukommandieren. Der trinkfreudige Prinz erhielt von seinen Vorgesetzten aber ein striktes Nachtclubverbot. Es ging nicht an, dass er sich bei feucht-fröhlichen Gelagen in Bars amüsierte, während seine Kameraden im Irak ihr Leben riskierten.

Am 14. Dezember 2007 wurde Harry dann doch heimlich an die Front in Afghanistan abkommandiert. Er musste aber schon nach zehn Wochen wieder die Heimreise antreten. Das Sicherheitsrisiko war für ihn und seine Kameraden zu groß, als amerikanische Medien seinen „geheimen Kampfeinsatz“ publik machten.

Für **Prinz William**, dem zukünftigen König, kam ein Fronteinsatz nicht in Frage. Er folgte seinem Bruder nach **Sandhurst** und schloss dort im **Herbst 2006** seine militärische Grundausbildung erfolgreich ab, um anschließend den Dienst im Heer, in der Luftwaffe und in der Marine kennenzulernen.

Prince Charles hatte alles darangesetzt, dass sich zwischen Camilla und seinen Söhnen ein freundschaftliches, unverkrampftes Verhältnis entwickelte. William und Harry wussten bald ihre mütterliche, warmherzige, ungezwungene natürliche Art, ihr Taktgefühl und ihr geradliniges zupackendes Wesen zu schätzen. Nach dem Tode Dianas hatte Camilla es nicht gewagt, sich mit ihrem Geliebten in der Öffentlichkeit zu präsentieren.

In Highgrove (Landsitz von Prince Charles), in Birkhall (Landhaus bei Balmoral, Schottland) und in Clarence House / London

Prince Charles setzte alles daran, dass sich zwischen seinen Söhnen Harry (links) und William (rechts) ein freundschaftliches, unverkrampftes Verhältnis entwickelte (Foto: Sammlung Eckehard Korthals).

(nach dem Tode von Queen Mum für 6,5 Millionen Pfund renoviert) schaltete und waltete Camilla bereits seit 2002 wie die zukünftige Gemahlin des Prinzen von Wales. Queen Elizabeth hatte immer noch Vorbehalte gegen die von dem honorigen Andrew Parker Bowles geschiedene, nichtadelige Mätresse ihres Sohnes. Die erzkonservative Königin weigerte sich, diese Ehebrecherin, die die Mitschuld trug an der Zerstörung einer anfangs nach außen hin traumhaft harmonischen Verbindung, am Hofe zu empfangen. Im Milleniumjahr 2000 stand **Camilla als persona non grata** nicht auf der Gästeliste zum 100. Geburtstag von Queen Mum, zum 70. Geburtstag von Prince Margaret, zum 50. Geburtstag von Prince Andrew und zum 18. Geburtstag von William. Am 2. Juni 2000 begegneten sich die Queen und Camilla kurz bei einer Party, die Prince Charles für seinen Cousin, den Ex-König Konstantin von Griechenland, ausgerichtet hatte.

4. Kapitel
Charles & Camilla

Drei bis vier Jahre nach Dianas Tod wagten Camilla und Charles es, immer häufiger bei öffentlichen Veranstaltungen gemeinsam aufzutreten. Im Jahr 2001 geschah dann etwas Unglaubliches, das man 1997 noch für unmöglich gehalten hätte: Als Präsidentin der Osteoporose-Gesellschaft lud Camilla aus Anlass des 15-jährigen Bestehens dieser Organisation zu einer Party ins Somerset House ein. Prince Charles, der als Ehrengast eingeladen worden war, ging vor laufenden Kameras auf die Geliebte zu und gab ihr zum ersten Male in der Öffentlichkeit einen Kuss auf die Wange. Camilla, die vorher stets wegen ihres unpassenden Outfits gerügt wurde, wirkte jetzt

Im Somerset House, einem klassizistischen Gebäude im Zentrum von London, lud erstmals Camilla Prince Charles als Ehrengast zu einer Jubiläumsveranstaltung ein (Foto: Stephen Richards).

in ihrer schlichten Eleganz viel sympathischer. Prince Charles hatte ihr eine mit Rubinen besetzte Halskette geschenkt, die vorher ihrer Urgroßmutter Alice Keppel, Mätresse Edwards VII., gehört hatte.

Es dauerte aber noch vier Jahre, bis die Queen ihre Zustimmung zu einer ehelichen Verbindung gab. Zu Beginn des Jahres 2005 prophezeiten die Boulevardblätter bereits, dass Charles und Camilla bald heiraten würden, obgleich das Pressebüro des Buckingham Palace den Hochzeitstermin bis zum letzten Augenblick geheim hielt. Nach Meinungsumfragen in den Massenmedien waren 69 % der Bevölkerung dafür, dass Prince Charles seine Geliebte heiraten solle. 31 % hatten aber immer noch Vorbehalte gegen eine zukünftige Queen Camilla und meinten, Charles solle in diesem Falle lieber auf seinen Thronanspruch verzichten. Man wolle Camilla allenfalls als „Princess Consort“ („Prinzessingemahlin“) dulden.

Am Samstag, dem **9. April 2005**, heirateten Prince Charles (56) und Camilla (57) in **Windsor**. Prince William fungierte als Trauzeuge und demonstrierte damit, dass er nichts gegen seine neue Stiefmutter einzuwenden habe. Das erste Mal in der englischen Geschichte heiratete ein Kronprinz offiziell seine Mätresse mit Zustimmung der Monarchin: Die geheimen Eheschließungen von Georg III., Georg IV. und William IV. vor ihrer Thronbesteigung waren ungültig, da sie zum Teil gegen den Royal Marriage Act von 1772 verstießen.

Im Gegensatz zu der Traumhochzeit von 1981 war 2005 alles recht schlicht gehalten. Keine riesigen Menschenmassen jubelten Charles und Camilla zu. Die standesamtliche Trauung fand in der **Guildhall von Windsor** (Ascot Room), die kirchliche Trauung in der **St. George’s Chapel** statt. Das Paar hatte sich als Musik u. a. die Bachkantate „Nun komm der Heiden Heiland“ und einige Stücke aus Händels „Wassermusik“ ausgewählt.

Mit der Heirat stand Camilla automatisch der Titel „Princess of Wales" zu. Um Verwechslungen mit der verstorbenen Diana zu vermeiden, nannte sich **Camilla** jetzt **„Duchess of Cornwall“**, ein Titel, den ihr die Queen verliehen hatte. Das größte Geschenk für Camilla aber war, dass sie jetzt mit „Your Royal Highness“ angeredet werden durfte. 1936/37 war das Mrs. Wallis Simpson verweigert worden. Die konservative Queen, die sich anfangs noch gewei-

Prince Charles und Camilla Parker Bowles, nunmehr Duchess von Cornwall, nach ihrer Trauung am 9. April 2005 (Foto: Sammlung Eckehard Korthals).

gert hatte, geschiedene Ehepartner am Hofe zu empfangen, hatte sich den veränderten Verhältnissen anpassen müssen. Obgleich sie selber ein Vorbild an Tugendhaftigkeit war, in ihrem ganzen Leben nur mit einem einzigen Mann verkehrt hatte und als Oberhaupt der anglikanischen Kirche den Bund der Ehe für unauflösbar hielt, musste sie zugeben, dass sich die moralischen Vorstellungen im Laufe ihres Lebens geändert hatten. Sie musste erkennen, dass die königliche Familie nur ein Spiegelbild der modernen Gesellschaft ist, in der 40 % aller Ehen scheitern. Der Prozentsatz in der eigenen Familie lag mit den Scheidungen von Prince Charles, Princess Anne, Prince Andrew, Princess Margaret sogar noch höher.

Camilla wurde nach der Hochzeit von der Queen voll akzeptiert. Die Königin merkte sehr bald, dass sie mit der gereiften, mütterlichen Camilla mehr gemeinsam hatte (z. B. den Pferdesport) als mit Diana oder Sarah Ferguson. Es freute die Queen, dass Camilla - selber Mutter von zwei erwachsenen Kindern - so gut mit William und Harry auskam.

Auch bei Wohltätigkeitsveranstaltungen, der Eröffnung von Ausstellungen oder Krankenbesuchen (z. B. im Juli 2005: Besuch von Bombenterroropfern im St. Mary´s Hospital / Paddington) machte sie eine gute Figur. Die Queen sah ein, dass Camilla ihren Sohn wirklich glücklich machte und viel besser zu ihm passte als Diana. Zum offiziellen 80. Geburtstag der Queen im **Juni 2006** erschien **Camilla**, die Duchess of Cornwall, zum ersten Male mit den Royals auf dem berühmten **Balkon vom Buckingham Palace**, das hieß, sie war voll in die königliche Familie integriert. Es fragte sich nur, ob die Mehrheit der Briten sie auch als zukünftige Königin akzeptieren würde. Nach einer Meinungsumfrage im „Daily Telegraph" anlässlich ihres 60. Geburtstages am 17. Juli 2007 konnten sich 28 % der Bevölkerung Camilla als Queen vorstellen. Das wäre 1997 noch undenkbar gewesen.

Camilla empfand die jährlich mehr als 130 Termine, die Prince Charles häufig ohne sie wahrnahm, zunehmend als Belastung für ihre Beziehung. Nach ihrer Hysterektomie (Entfernung der Gebärmutter) fühlte sie sich, ähnlich wie damals Diana, von ihrem Ehemann allein gelassen. Sie war der vielen öffentlichen Verpflichtungen überdrüssig und hätte sich lieber ins Privatleben zurückgezogen. Wie gern hätte sie wieder Charles für sich ganz allein gehabt und wäre mit ihm durch die schottischen Moore gestreift. Auch sie wurde immer älter und stand wie die Queen im Schatten von Diana, der bildhübschen 36-jährigen „Königin der Herzen", die in der Erinnerung des Volkes *„ewig jung"* blieb und noch zehn Jahre nach ihrem tragischen Ende so *„lebendig war wie eh und je"*.

Tausende von Menschen pilgerten am **31. August 2007**, dem Todestag der Princess of Wales, bei ausnahmsweise freiem Eintritt nach Althorp, wo Diana ihre letzte Ruhestätte gefunden hatte, und besuchten den am 6. Juli 2004 errichteten **Princess Diana Memorial-Brunnen** im Londoner Hyde Park. Prince William und Harry, die als Armeeangehörige im Dienste „Ihrer Majestät" standen, organisierten am 31. August 2007 in der königlichen Kapelle der Wellington Kaserne in der britischen Hauptstadt einen Gedenkgottesdienst für Diana, an dem die Queen, Prince Philip, Prince Charles, Premierminister Gordon Brown, Elton John, Cliff Richard und weitere 500 Gäste teilnahmen.

Prinzessin-Diana-Gedenkbrunnen im Londoner Hydepark (Foto: Uli Harder).

Prinzessin-Diana-Gedenkbrunnen im Londoner Hydepark in näherer Ansicht.
(Foto: Cristian Bortes)

Camilla zog es vor, der Trauerfeier fernzubleiben, in der Prinz Harry eine bewegende Rede auf seine verstorbene Mutter hielt.

Das Mega-Ereignis 2007 aber war ein siebenstündiges Popkonzert für Diana im Wembley-Stadion mit 63.000 Zuschauern am Sonntag, dem 1. Juli (Dianas Geburtstag vor 46 Jahren). William und Harry hatten zu dieser lautstarken Gedenkveranstaltung eingeladen, bei der Stars wie Elton John, Rod Stewart, Tom Jones, Duran Duran, Jason Donovan, Andrea Bocelli, Sarah Brightman, Lily Allen, Kayne West, Pharell Williams, Joss Stone und u. a. die Band „Take That" auftraten.

Queen Elizabeth hielt nicht viel von lautstarken Gedenkveranstaltungen für die „Königin der Herzen", noch weniger von der öffentlichen Untersuchung des Autounfalls vom 31. August 1997 durch ein Geschworenengericht. Sie enthielt sich zwar jeden öffentlichen Kommentars, ermahnte aber ihren Lieblingsenkel William, sich seiner Verantwortung als zukünftiger König bewusst zu sein und nicht den wilden, popbegeisterten, verschwendungssüchtigen Playboy zu spielen. Prince William hatte sich nämlich nach der vorübergehenden Trennung von seiner bürgerlichen Freundin Kate Middleton in Nachtbars herumgetrieben und mit anderen Mädchen amüsiert. Geld hatte er ja genug, denn seit seinem 25. Lebensjahr (21. Juni 2007) hatte er Zugriff auf 6,5 Millionen Pfund, die seine Mutter ihm hinterlassen hatte.

Wenn die meisten Briten auch der Meinung waren, dass Charles zugunsten von William auf den Thron verzichten sollte, so erweckte der längst volljährige, 26-jährige Enkel der Queen doch den Eindruck, dass er für dieses verantwortungsvolle Amt noch viel zu unreif und unerfahren war. William dachte nicht daran, seinem Vater den Thron streitig zu machen. Er wollte sein Junggesellendasein noch so lange wie möglich genießen. Im April 2008 wurde der „vergnügungssüchtige" Prinz von der Massenpresse heftig angegriffen. Nach dem Abschluss einer viermonatigen Ausbildung zum Kampfpiloten der Royal Air Force flog er mit einem Chinook-Helicopter zu einer feuchtfröhlichen Junggesellenparty auf die Insel Wight, zu der Peter Phillips, der 29-jährige Sohn von Princess Anne, am 19./20. April 2008 (einen Monat vor seiner Hochzeit mit Autumn Kelly) eingeladen hatte. Auf dem Flug zur Isle of Wight legte der neugebackene Pilot mit seinem Hubschrauber einen Zwischenstop in London ein, um seinen trinkfreudigen Bruder Harry als Stimmungskanone mitzunehmen. Dieser ließ in einer Inselkneipe den Bierhumpen kreisen und überredete einige Mädchen, ihr Oberteil zu entblößen und zu beweisen, dass sie auf ihren nackten Brüsten bis zu acht CD´s balancieren konnten. Wie die „Sun" berichtete, ließ William bei dieser wilden Party teilweise seine Hosen herunter und legte Peter Phillips sowie Mike Tyndall, die nach der durchzechten Nacht ihren Rausch ausschliefen, aus Jux zwei nackte Blondinen ins Bett.

Die Boulevardpresse verurteilte diesen feuchtfröhlichen Hubschrauberausflug des Prinzen als groben Unfug, der den Steuerzahler mindestens 10.000 GBP gekostet hatte. Jetzt kam auch heraus, dass Prinz William bei angeblich militärischen Übungsflügen im Tiefflug Balmoral, Birkhall, Sandringham und Highgrove umkreist hatte und auch bei Kate Middleton´s Eltern in Bucklebury gelandet war, um Kate´s Vater, einem Ex-Piloten, zu imponieren. Die Chinook-Helicopter, die William für seine Vergnügungsausflüge benutzte, wurden aber dringend in Afghanistan und im Irak gebraucht. Um der negativen Pressekritik entgegenzuwirken, flog William dann Ende April zu einer dreistündigen Stippvisite der britischen Soldaten nach Afghanistan. Danach meldete sich der zukünftig nominelle Oberbefehlshaber aller britischen Truppen (Heer, Luftwaffe, Marine) bei der Royal Navy zum Dienst, wobei er sich bei einer Katastrophen-Übung in der Karibik bewährte.

William musste seiner Großmutter versprechen, sich nach dem Ausscheiden aus dem Militärdienst 2009 voll und ganz auf seine Aufgaben als zukünftiger König vorzubereiten. Dazu gehört die Arbeit für wohltätige Zwecke, aber auch die Pflicht, für einen legitimen Thronfolger zu sorgen.

Für seine 26-jährige Freundin Kate Middleton wurde es 2008 allmählich Zeit mit dem „Kinderkriegen". Williams Mutter hatte mit 21, seine Großmutter mit 22 und seine Urgroßmutter mit 26 Jahren ihr erstes Kind bekommen. Bereits 2006 rechneten die Massenmedien fest damit, dass William die damals 24-jährige Kate heiraten werde. Nicht nur die bunten Blätter, auch das seriöse Nachrichtenblatt „Spectator" erkor die hübsche, lebhafte, strahlende

Die 24-jährige hübsche, lebhafte und strahlende Kate Middleton, eine „Prinzessin des Volkes“ (Foto: N. Warner).

Kate Middleton zur „Prinzessin des Volkes“ („people´s princess“), das hieß zur Nachfolgerin Dianas. Dem Massenblatt „News of the World“ zufolge warnte die Queen ihren Enkel vor voreiligen Entscheidungen: *„Wir wollen keine neue Diana!“* William solle sich über seine Beziehung zu Kate klar werden. Nur wenn er sie wirklich heiß und innig liebe, solle er sie heiraten. Aus diesem Grund hatte sich die Queen ja 1948 für Philip entschieden, ebenso wie Queen Victoria 1840 für ihren Cousin Albert. Im November 2006 brachte die Kaufhauskette „Woolworth“ bereits Hochzeitsteller und Becher mit den Portraits von William und Kate auf den Markt. Die beiden wollten aber noch ihre Freiheit genießen und sich nicht von den Massenmedien drängen lassen, die gern über eine Traumhochzeit berichtet hätten. Sie befürchteten außerdem, zu früh vom strengen Hofzeremoniell vereinnahmt zu werden.

Kate Middleton, die ehemals unbekannte Studentin der Kunstgeschichte und Architektur, fühlte sich anfangs geschmeichelt, als die Massenmedien sie wie einst Diana zum Megastar aufbauten. Bald empfand auch sie die Paparazzi als eine Pest und musste sich damit abfinden, dass das Privatleben der Royals öffentliches Eigentum ist.

Viele Massenblätter wetteten darauf, dass William und Kate (spöttisch „Waity Katie“ genannt, weil sie bereits seit sechs Jahren auf Williams Heiratsantrag wartete) endlich zu Weihnachten 2009 in Sandringham ihre Verlobung bekannt geben würden. Aber nichts geschah. Als die Queen im Januar 2010 damit begann, ihren Enkel mit offiziellen Aufgaben (Staatsbesuch in Australien und Neuseeland) zu betrauen, hofften alle, der gereifte Prinz werde jetzt doch bald heiraten. Im Oktober 2010 hatten sich Prince William und Kate Middleton heimlich während eines Urlaubes in Kenia verlobt. William hatte seiner Braut den Verlobungsring der geliebten Mutter Diana an den Finger gesteckt. Die **Hochzeit** fand am **29. April 2011** statt. William hatte ebenso wie sein Vater 2005 eine Bürgerliche geheiratet. Queen Elizabeth II. war somit die Letzte der Royals, die einen halbdeutschen Prinzen aus dem europäischen Hochadel zum Ehegatten erkoren hatte.

William und Catherine am Tag ihrer Hochzeit am 29. April 2011 (Foto: Magnus D).

Queen Elizabeth war stets bemüht, die Nation zu einen und nicht zu spalten wie **Prince Charles**, der durch seine Äußerungen über moderne Architektur, Erziehung, alternative Medizin, Klimaschutz und ökologische Landwirtschaft viel Kritik erntete. Obgleich er nie eine Partei favorisiert hat, galt er als „too political". Das PR-Büro des Prinzen (Sekretär Michael Peat) versuchte deshalb die Öffentlichkeit davon zu überzeugen, dass Prince Charles als König neutral sein werde und sich nicht als „Meddling Prince" in die Politik einmischen wolle. Er musste aber noch einige Zeit auf die Thronbesteigung warten. Am **20. November 2007**, 17 Uhr, hatte seine Mutter mit 81 Jahren, 7 Monaten und 29 Tagen den Altersrekord von Queen Victoria gebrochen. Sie war seitdem die älteste Monarchin, die je Großbritannien regiert hat.

Sie war eine Königin der Superlative: Am 18. April 2009 war sie mit dem damals 88-jährigen Prinz Philip bereits 57 Jahre und 71 Tage verheiratet und hatte damit den Ehepartner-Langzeitrekord von George III. und Queen Charlotte von Mecklenburg-Strelitz gebrochen. Sie musste aber noch bis zu ihrem 89. Lebensjahr 2015 warten, um den Langzeit-Regierungsrekord von 63 Jahren, den ihre Ururgroßmutter Queen Victoria innehatte, einzustellen.

Die Feiern zum 60. Geburtstag des Prinzen von Wales am 14. November 2008 hatten gezeigt, dass die Stimmung sich zugunsten von Charles gewandelt hatte. Die Zahl derjenigen, die sich Charles als würdigen Nachfolger von Queen Elizabeth vorstellen konnten, nahm allmählich zu. Er machte seinem deutschen Wappenspruch „Ich dien" alle Ehre. Seine Arbeit für gemeinnützige Zwecke war bisher sehr erfolgreich: Sein Prince´s Trust hatte über 500.000 ehemaligen jugendlichen Straftätern und sozial Benachteiligten eine Ausbildung ermöglicht. Die Kampagnen des *„grünen Prinzen und Umweltschützers"* für Bio-Produkte, die er selber auf seinem Mustergut in Highgrove anbaute und vermarktete, fanden immer mehr Zustimmung. Seine Kritik an städteplanerischen Bausünden, an genetisch manipulierten Lebensmitteln und an Klon-Experimenten wurde von großen Teilen der Bevölkerung geteilt. Auf dem offiziellen Geburtstagsfoto machte der Prinz von Wales in der Galauniform der Welsh Guards einen zufriedenen, selbstsicheren, in sich gekehrten Eindruck.

5. Kapitel
Der rebellische „Meddling Prince of Wales“

Cover des Buches von Tom Bower (Foto: Sammlung Buchverlag König).

Bücher wie **Andrew Morton`s** Enthüllungen **„Diana. Her True Story“ (1992)** ließen Zweifel aufkommen, ob Prince Charles, der Ehebrecher, als König überhaupt geeignet sei. Anno **2018** schrieb **Tom Bower** eine wenig schmeichelhafte Biographie über den **„Rebel Prince. The Power, Passion and Defiance of Prince Charles“**, die diese Bedenken zu bestätigen schien. Bower wirft dem Prinzen von Wales vor, dieser sei ***„pampered, petulant and self-pitying“ („verwöhnt, schmollend und voller Selbstmitleid“)***. Bereits 2004 habe er gesagt, dass ***„niemand verstehen könne, was für eine schreckliche Hölle es sei, Prince of Wales zu sein“: „Nobody knows what utter hell it is to be Prince of Wales!***" An seinem 70. Geburtstag (14. November 2018) beklagte er, immer noch auf seine Rolle als britischer König warten zu müssen. Es sei eine Bürde, eine *„schwere Last“ („a burden“)*, Prince of Wales zu sein. Dabei verwöhnten den „verhätschelten“ („pampered“) Kronprinzen - so zählt Bower auf - ein Stab von 124 Mitarbeitern. Er habe ständig zwei Diener zur Verfügung, die ihm fünfmal am Tage frisch gebügelte Hemden, saubere Socken und neue, teure Anzüge zurechtlegten. Auf den Reisen begleiteten ihn die beiden Diener, der Butler, der Diätkoch, sein Privatsekretär, seine Stenotypistin und seine Bodyguards.

Bei einem **Besuch in Nordostengland** (2004) habe er ein Transistorradio, seinen eigenen Toilettensitz, extraweiches Kleenex-Toilettenpapier, seinen bevorzugten Laphroaig-Whisky, Mineralwasserflaschen und zwei Landschaftsbilder der schottischen Highlands von seiner Entourage mitnehmen lassen. In einem Möbelwagen sei am Tage zuvor die gesamte Schlafzimmereinrichtung inklusive der orthopädischen Matratzen vorausgeschickt worden. Im Reisegepäck durften die extra für Charles zusammengestellten Bio-Lebensmittel ohne die geringsten chemischen Zusätze nicht fehlen. Bei einer anderen Reise überreichte der Sicherheitsbeamte dem Butler des Gastgebers eine versiegelte Karaffe mit dem für Charles bestimmten „Martini" sowie dessen eigenes Trinkglas. Rachel Johnson, die Schwester von Boris Johnson, eine seriöse Kolumnistin, bezweifelt in der „Mail on Sunday" (18. März 2018), ob Tom Bower`s Darstellung der Wahrheit entspricht. Die Anekdote mit dem „reisenden" **Toilettensitz** verfolgte den Kronprinzen schon seit Jahren. Tatsache ist, dass es sich bei dieser Geschichte wohl um einen Jux gehandelt hat, den sich Princess Anne einmal als Geburtstagsgeschenk für ihren Bruder ausgedacht haben soll.

Der Hang des Kronprinzen zur **Extravaganz** ist vielleicht als Reaktion auf seine spartanische Erziehung in Gordonstoun zurückzuführen. Vielleicht nahm er sich auch ein Beispiel an seiner geliebten Großmutter „Queen Mum", die zur Verschwendungssucht neigte und im Clarence House 83 Bedienstete beschäftigte. Im Gegensatz zu Prince Charles war sie eine Ikone, die man nicht zu kritisieren wagte. Ihre Walkabouts in dem von der deutschen Luftwaffe zerstörten Teilen Londons im Zweiten Weltkrieg waren unvergessen. (s. o.)

Während Charles von seinen Bediensteten einen ordentlich gedeckten Frühstückstisch mit erlesenen Porzellangeschirr und goldenen Löffeln erwartete, gaben sich Queen Elizabeth und Philip mit einfacher Tupperware zufrieden.

Tom Bower nennt Charles einen ***„Rebel Prince"***, der sich nicht an die Verhaltensregeln eines zukünftigen Königs hält, der nicht neutral über dem Parteiengezänk steht und seine Meinung für sich behält. Der *„rebellische"* Prinz läge nicht nur mit seinen Eltern, sondern auch mit der konventionellen Ärzteschaft, den modernen Architekten, den *„trendy"* Lehrern und vor allem mit den Politikern im Clinch.

Zunächst engagierte sich der „ewige" Thronfolger für die **alternative (complementary) Medizin**. Er gewann für sein Anliegen den österreichischen Professor **Edzard Ernst**, der an der Universität Exeter den einzigen Lehrstuhl für **Homöopathie** in England innehatte. Nach fünfjährigen intensiven wissenschaftlichen Studien kam Professor Ernst aber 2002 zu der Erkenntnis, dass die ganze Homöopathie ein völlig wirkungsloser Hokuspokus sei. Er wandelte sich vom Saulus zum Paulus und erklärte, die **Tinkturen**, die Prince Charles in Highgrove aus eigner Bio-Pflanzenproduktion herstellte, seien völlig ineffektive ***„blaue Wässerchen"***, die bei leichtgläubigen Patienten eine positive Placebo-Wirkung hervorrufen könnten, nach wissenschaftlicher Erkenntnis aber *„offenkundige Quacksalberei" („blatant quackery")* bedeuteten.

Prince Charles ließ sich nicht entmutigen. Auf sein Betreiben befasste sich das „Komitee für Wissenschaft und Technologie im Oberhaus" mit dem Thema und kam zu dem Schluss, dass die komplementäre Medizin (ergänzende Medizin wie Homöopathie) populär sei und einige Ärzte mit homöopathischer Ausbildung sehr erfolgreich praktizierten. Vor einer großen Anzahl von *„inkompetenten Scharlatanen"* auf dem Gebiet der „complementary medicine" wurde gewarnt. Charles triumphierte, als der **„Nationale Gesundheitsdienst" (NHS = „National Health Service")** die Zusammenarbeit von konventionellen und homöopathisch ausgebildeten Ärzten intensivieren wollte. Auf Anregung von Prince Charles unterstützte der NHS das **„Royal Homöopathic Hospital" in London** mit einem Zuschuss von 18,5 Millionen Pfund.

Auch was Umwelt-, Natur-, Landwirtschafts- und Denkmalschutz anbelangt, entwickelte sich Charles zu einem echten „Rebel Prince", der sich mit der **„Mafia"** der **„modernistischen" Hochhausarchitekten** wie z. B. **Richard Rogers** (verst. 2022) anlegte. Vor allem ging es ihm darum, das historisch gewachsene Stadtbild in London mit herausragenden denkmalgeschützten Gebäuden zu erhalten und gegen die **Gigantomanie der Skyscraper-Architekten** vorzugehen. In seiner bekannten **„Carbuncle-Rede"** vom **20. Mai 1984** im historischen Ambiente von Hampton Court attackierte er den

Architekten **Peter Ahrends**, der die **National Gallery** auf dem **Trafalgar Square** mit einem modernen **Rundbau** aus Glas, Stahl und Beton vergrößern wollte. Die Fassade im Edwardian- und Regency-Baustil wäre dadurch komplett verunstaltet worden. Die National Gallery hätte äußerlich wie *„eine Feuerwehrstation“* ausgesehen. Der geplante und von Prince Charles rechtzeitig verhinderte Erweiterungsbau erinnerte an ein ***„monströses Furunkel im Gesicht eines vielgeliebten und eleganten Freundes“ („a monstrous carbuncle on the face of a much-loved and elegant friend“)***. Wie Tom Bower berichtet, war die anwesende „Architekturmafia“ über den Frontalangriff des Kronprinzen geschockt. Sie wollten hier lediglich friedlich das 130-jährige Jubiläum des Königlichen Architekturinstitutes (Royal Institute of British Architects = RIBA) feiern. Ihr berühmter Vorsitzender **Richard Rogers**, der später den „Millenium Dome“ in Greenwich, den „Gherkin“ und „Cheesegrater“ geplant hat, rügt in seiner Autobiographie die amateurhafte

Der Trafalgar Square mit dem Blick auf die National Galery, deren geplanten Rundbau aus Glas, Stahl und Beton der „Rebel Prince“ zur Freude der Londoner verhindern konnte. (Foto: Diliff).

Ignoranz des zukünftigen Königs. Seit 2000 war Rogers der Berater des Londoner Labour-Bürgermeisters **Ken Livingstone**, der Vorgänger von Boris Johnson und Freund von Tony Blair.

Prince Charles hielt Richard Rogers, der in einem feudalen Georgian Doppelhaus im Stadtteil Chelsea und nicht in einem der seelenlosen Hochhäuserblocks lebte, für einen ***„heuchlerischen Salonsozialisten" („hypocritical champagne socialist")***. In seiner Mansion House-Rede von 1987 bemängelt der Kronprinz, dass der geplante 19-stöckige Wolkenkratzer am Paternoster Square die herrliche **St. Paul`s Cathedral** in den Schatten stellen und die Kirche zwergenhaft erscheinen lassen werde (*„to dwarf St. Paul`s"*). Dann holte Prince Charles zur härtesten Kritik aus, die je an die modernen Architekten nach dem Zweiten Weltkrieg gerichtet worden war. ***„Wir müssen das der Luftwaffe zugestehen. Als sie unsere Gebäude platt machte, ersetzte sie diese nicht mit noch etwas Abstoßenderem als Schutt und Asche." („You have to give this much to the Luftwaffe, when it knocked down our buildings, it didn`t replace them with anything more offensive than rubble")***. Prince Charles gründete schließlich sein eigenes **„Prince of Wales Institute of Architecture"** im Regent`s Park, das mit der Unterstützung von arabischen Scheichs die traditionelle Architektur fördern sollte. Da die Zahl der Studenten nie mehr als 30 überschritt, wandelte Charles es in die **„The Prince`s Foundation for Architecture and Urban Environment"** um. Jetzt ging es bei der Stadtentwicklung hauptsächlich um den Umwelt- und Klimaschutz.

Bei seinem Besuch als König Charles III. (2023) lobte er im Deutschen Bundestag die gute deutsch-britische Zusammenarbeit bei der Rekonstruktion des ehemaligen Reichtagsgebäudes durch die Glaskuppel von **Norman Foster**. Sicher hätte er den asbestverseuchten „Palast der Republik" einen „Karbunkel" genannt und die Rekonstruktion des Berliner Schlosses mit dem Humboldt-Forum gelobt, wenn er in Berlin das Sagen gehabt hätte. Auch hier gab es einen Architekten (Philip Oswald), mit dem der Förderverein im Clinch lag.

Als Prince Charles 1991 die gigantischen Hochhausblocks von **Canary Wharf** in London besichtigte, soll er gesagt haben: Warum wollen die modernen Architekten alle so hoch hinaus? Der Direk-

Der „seelenlose" Hochhauskomplex von Canary Wharf, hier von Greenwich aus gesehen, hatte auf den traditionsbewussten „Rebel Prince" eine durchaus abschreckende Wirkung (Foto: The wub).

tor des Victoria & Albert Museums, der neben ihm stand, meinte, schon im Mittelalter wollten die Menschen hoch hinaus, sonst hätte Salisbury Cathedral mit 123 Metern (404 ft) nicht die höchste Kirchturmspitze in England. Charles sagte daraufhin nichts. Es gab damals auch noch nicht den 310 Meter hohen **„Shard"**, der 2012 eröffnet wurde. Es gab aber bereits Stimmen, die vor diesem **Turmbau zu Babel** warnten und die **Covid 19-Pandemie 2020 als Strafe Gottes ansahen**.

Prince Charles lobte seine kleine, von ihm selbst gegründete Stadt **Poundbury** in **Dorset** mit 2500 schnuckligen Häusern, die von dem klassischen Architekten **Leon Krier** im traditionellen Baustil errichtet worden waren. Auch der konventionelle Architekt **Quinlan Terry** war an Poundbury beteiligt. Im Jahre 2009 warnte er den Prinzen, dass ihr Intimfeind Richard Rogers die leerstehenden **Old Chelsea Barracks** (Kasernen) von 1862 in 330 Luxusappartements aus Glas und Stahl umwandeln wolle. Das sei ein *„Werk des Teufels"* und müsse verhindert werden. Mit Hilfe des neu gewählten Bürgermeisters **Boris Johnson** konnten Terry und der Prince of Wales die Pläne von Richard Rogers zum Scheitern bringen.

Die britische Ortschaft Poundbury bei Dorchester in der Grafschaft Dorset, hier ein kleiner Teil der Wohnhäuser mit einem Spielplatz für Kinder, ist eine seit 1993 in Bau befindliche Modellstadt zur Umsetzung der Grundsätze der nachhaltigen Entwicklung und der Gestaltungsgrundsätze, an welcher der „Rebel Prince" maßgeblich an der Konzeption und Umsetzung beteiligt war und die er später in seinem Buch „A Vision Of Britain" einem größeren Publikum vorstellte (Foto: Marilyn Peddle / Children`s playground).

Der „Rebel Prince" legte sich häufig mit Politikern an wie z. B. mit **Tony Blair** (Premierminister von 1997-2007) an. *„I can`t stay silent about GM crops"* (GM = genetically manipulated), schrieb er dem Premierminister. In seinem Bio-Hof in **Highgrove** gab es **keine gentechnisch manipulierten, krebserregenden GM-Produkte**. Auf seinem Mustergut wurden keine Pestizide eingesetzt. Die neun bis zehn Gärtner in Highgrove mussten das Unkraut, nicht gerade rückenschonend, einzeln per Hand ausreißen und nachts die gefräßigen Nacktschnecken mit der Hand von den Salatblättern entfernen. Schon 1997, als Charles im Auftrag der britischen Regierung nach Hong Kong reiste, um die ehemalige britische Kolonie an China zu übergeben, warnte er vor der unkontrollierten Einfuhr von gentechnisch und chemisch manipulierten Lebensmitteln aus China. Beim Besuch des chinesischen Präsidenten in London nahm er deshalb auch nicht am Staatsbankett im Buckingham Palace teil.

Der **„King Meddle“** kritisierte, dass die Regierung Blair die traditionelle Fuchsjagd verbieten wolle. *„Fox-hunting“* gehöre zum kulturellen britischen Erbe.

Im Jahr **2015** wurde Prince Charles heftig angegriffen, als seine **„Black Spider Memos von 2004 bis 2005“** veröffentlicht wurden. Als Royal habe er sich neutral zu verhalten und dürfe die Regierung nicht kritisieren. Der „Meddling Prince“ hatte sich u. a. bei Tony Blair beschwert, dass die Armee im Irak-Krieg unzureichend ausgerüstet sei. Es fehle vor allem an Kampfhubschraubern vom Typ Chinook.

Auch wegen seiner **Finanzpolitik** wurde der zukünftige König auf das Heftigste angegriffen. Für die Unterhaltung seines Londoner Wohnsitzes Clarence House erhielt er 2005 u. a. 2,5 Millionen Pfund aus Steuergeldern, obgleich er als Eigentümer des Herzogtums Cornwall über Einnahmen von jährlich 13 Millionen Pfund verfügte. Außerdem bekam er noch 650.000 Pfund an Agrarsubventionen aus Brüssel.

Anno 2017 war Prince Charles auch in den **„Paradise Paper-Skandal“** verwickelt. Das Management des Herzogtums Cornwall hatte in Steuerparadiese in der Karibik investiert. Es waren ganz legale Steuervermeidungsstrategien (tax avoidance), keine Steuerhinterziehung (tax evasion). Trotzdem war dies moralisch bedenklich. Die Superreichen konnten sich die teuersten und cleversten Finanzberater leisten, der normale Steuerzahler konnte das nicht.

Auf der Habenseite von Prince Charles stehen **21 von ihm gegründete Wohlfahrtsorganisationen** (charities), die 2018 von seinem ehemaligen Diener, Freund und Berater **Michael Fawcett** unter dem Namen **„Prince`s Foundation“** zusammengefasst wurden und in den zehn Jahren zuvor **1,5 Milliarden Pfund an Bedürftige** verteilen konnten. Im Jahr 2017 waren es immerhin noch 170 Millionen Pfund. Prince Charles konnte stolz darauf sein, dass sein „Prince`s Trust“ seit 1981 mehr als **870.000** schwer gefährdeten **Jugendlichen** geholfen hatte.

6. Kapitel
8. September 2022: The Queen is dead, long live the King

Am **8. September 2022** starb die 96-jährige **Queen Elizabeth II.** nach einer Regierungszeit von 70 Jahren nachmittags in ihrem geliebten schottischen Landsitz **Schloss Balmoral**. Der Prince of Wales, der sich mit der Familie am Sterbebett seiner Mutter versammelt hatte, mutierte traditionsgemäß unmittelbar nach dem Tode der Queen zum **König Charles III.** Der altüberlieferte Leitspruch anlässlich der Thronfolge lautete: **„The Queen is dead, long live the King!“**

Auch die **Nationalhymne** musste sich der männlichen Thronfolge anpassen und war nach 70 Jahren „God save the Queen“ gewöhnungsbedürftig. Der seit 1745 überlieferte Text war sogar älter als

Elizabeth II. in den letzten Jahren ihrer Amtszeit (Foto: Andrea Hanks).

Aus dem Prince Charles wurde der neue König Charles III. (Foto: Wiki.).

die Marseillaise, die erst 1795 zur französischen Nationalhymne erklärt wurde. Jetzt müssen die englischen Fans in den Fußballstadien singen: ***„God save our gracious King, long live our noble King, God save the King. / Send him victorious, happy and glorious, long to reign over us. / God save the King.“***

Beethoven feierte in seinem pompösen musikalischen Schlachtengemälde „Wellington`s Sieg oder die Schlacht bei Vittoria“ (Opus 1, Aufführung am 8. Dezember 1813 in Wien) den Sieg der Briten am 21. Juni 1813 über die französischen Truppen im Baskenland (nicht zu verwechseln mit Waterloo 1815). Beethovens Orchesterwerk endete mit „God save the King“. Damals regierte offiziell **George III.** (reg. 1760-1820), über den Prince Charles eine Abhandlung schrieb (inoffiziell regierte damals von 1811-1820 der spätere George IV. als Prinzregent).

Am **9. September 2022** rief der „Oberste Wappenträger des Hosenbandordens“ (Garter King of Arms) vom Balkon des **St. James`s Palace** in London den Kronprinzen offiziell zum „King Charles III.“

Der Oberste Wappenträger rief vom Balkon des St. James‘s Palace den Kronprinzen offiziell zum „King Charles III.“ aus (Foto: Elisa.rolle).

aus. Am 10. September 2022 wurde die Thronfolge vom Accession Council bzw. dem Privy Council (Geheimrat, u. a. Mitglieder des Kabinetts) formell bestätigt. Die Krönung sollte aber erst am 6. Mai 2023 erfolgen.

Mit 73 Jahren war Charles III. der älteste Thronfolger in der englischen Geschichte. Bisher galt William IV. (reg. 1830-1837) mit 65 Jahren als der älteste „Sucessor to the Throne“, **Queen Victoria** (reg. 1837-1901) **mit 18 Jahren als die jüngste Thronfolgerin**.

Queen Elizabeth II. war 26 Jahre alt, als sie in Kenia benachrichtigt wurde, dass ihr Vater George VI. gestorben und sie bereits zur neuen Königin ausgerufen worden sei.

Prinzessin Diana, die „Königin der Herzen“, die 1997 bei einem tragischen Autounfall ums Leben gekommen war, hielt den *„Ehebrecher“ („adulterer“)* Charles als König für völlig ungeeignet. In den **„Panorama“-Interview vom 20. November 1995** plädierte sie dafür, dass die Krone unmittelbar nach dem Tode von Queen Elizabeth II. auf ihren Sohn Prince William (damals erst 13 Jahre alt)

Victoria, die jüngste Thronfolgerin mit 18 Jahren, am Morgen des 20. Juni 1837, dem Tag der Thronbesteigung, gemalt von Henry Tanworth Wells, 1828-1903 (Quelle: Wikipedia).

übertragen werden sollte. Als Queen Elizabeth am 8. September 2022 starb, war **Prince William** 40 Jahre alt, glücklich mit Kate verheiratet und hatte drei Kinder (George - 9 Jahre alt, Charlotte - 7 Jahre und Louis - 4 Jahre). Er war beliebter beim Volk als sein Vater Charles und seine Stiefmutter **Camilla**, und er wäre jetzt ein idealer Thronfolger im richtigen Alter gewesen. Aber die britische Monarchie ist kein Wahlkönigtum wie in uralt-angelsächsischen Zeiten. Es gilt das erbliche Erstgeburtsrecht. Nach dem Tode von Prinzessin Diana (1997) war das Ansehen der Monarchie jedoch an einem solch absoluten Tiefpunkt angelangt, dass die Bevölkerung Prince Charles und Camilla niemals als King & Queen akzeptiert hätten. Es wäre damals, wie bereits erwähnt, vielleicht sogar zu einer unblutigen Revolution wie 1688 gekommen, als der papistische James II. ins Exil gehen musste. Das Image von Prince Charles als dem ehebrecherischen Exzentriker und Camilla als dem *„hässlichen Rottweiler"* (s. o.) hatte sich in einem Zeitraum von 25 Jahren grundlegend geändert. Der unermüdliche Einsatz des früher als Öko-Krieger verspotteten Kronprinzen für den globalen **Umwelt- und Klimaschutz** bewies, dass er seiner Zeit weit voraus war, auch wenn er Rückschläge bei seinen Kampagnen für alternative Medizin und denkmalgeschützter Architektur hinnehmen musste. Die „Fridays for Future"-Bewegung hätte sich an ihm ein Beispiel nehmen können. Das Verhalten des neuen Königs während der zehntägigen Staatstrauer nach dem Tode seiner Mutter war vorbildlich. Er machte dem deutschen Wahlspruch **„Ich dien´" in seinem Wappen** alle Ehre. In seiner Rede an die Nation versprach er, dem Volke mit *„loyalty, respect and love"* zu dienen und seine königlichen Pflichten gemäß seinem Treueid zu erfüllen. Während der Trauerzeremonien vom 9. bis 19. September 2022 schonte er sich nicht und war ständig präsent.

Bei den Trauerprozessionen schritt der 73-jährige feierlich und tapfer zu Fuß mit seinen Söhnen hinter den Sarg seiner Mutter her: vom Holyroodhouse in Edinburgh zur St. Giles Cathedral, vom Buckingham Palace in London zur Westminster Hall, von der Westminster Hall zur Westminster Abbey, von der Westminster Abbey zum Wellington Arch, vom Long Walk in Windsor zur St. George`s Chapel.

Die Mitglieder der königlichen Familie im der Trauerprozession zur Westminster Hall (Foto: UK Government).

Charles III. gab sich volksnah, als er den trauernden Menschen vor dem Buckingham Palace die Hände schüttelte. Als Hunderttausende in kilometerlangen Schlangen stundenlang vor der Westminster Hall warten mussten, um einen Blick auf den aufgebahrten Sarg der geliebten Queen werfen zu können, tauchte Charles III. plötzlich auf, um sich bei den Menschen für ihr Mitgefühl nach dem Tode seiner Mutter mit Händedruck und feuchten Augen zu bedanken. Zwischendurch nahm er auch zeitweise mit seinen Söhnen und Geschwistern an der Totenwache in der St. Giles Cathedral in Edinburgh und in der Westminster Hall in London teil. Die Tränen in seinen Augen waren echt. Seit dem Tode von Prince Philip am 9. April 2021 (mit 99 Jahren kurz vor dem 100. Geburtstag seines Vaters am 11. Juni) hatte der Prince of Wales den Herzog von Edinburgh im Parlament vertreten und zum großen Teil bereits die Aufgaben seiner altersschwachen Mutter übernommen. So hatte er bereits im Oberhaus die Queen`s Speech in der feierlichen Zeremonie selber anstelle seiner Mutter vorgelesen. Seit dem Tode von

Die öffentliche Aufbahrung von Elizabeth II. in der Westminster Hall (Foto: Katie Chan).

Prince Philip waren sich die Queen und ihr ältester Sohn, den sie in seiner Jugend vernachlässigt hatte, immer näher gekommen. Die betagte Queen wusste, dass ihre Nachfolge mit Charles und Camilla als „King & Queen" jetzt in guten Händen war.

Schon einen Tag nach ihrem Tode ernannte Charles III. am **9. September 2022** seinen Sohn **William** zum **„Prince of Wales"** und **Kate** zur **„Princess of Wales"**. **Camilla**, die eigentlich auch Princess of Wales war, zog wegen der Erinnerung an Princess Diana den von der Queen verliehenen Titel **„Duchess of Cornwall"** vor. Was 1997 noch unmöglich gewesen wäre, wurde jetzt am 9. September von Charles III. in die Tat umgesetzt. Er ernannte seine ehemalige Mätresse, die er **2005** geheiratet hatte, zur **„Queen Consort"** („Königsgemahlin"); sie wurde aber bereits vor der Krönung am 6. Mai 2023 „Queen Camilla" genannt.

Edward VIII., der spätere Herzog von Windsor, trat 1936 zurück, weil er seine Mätresse, die geschiedene Amerikanerin Mrs. Wallis Simpson nicht heiraten und zur Queen machen durfte. Das britische Volk, das Kabinett, die Regierungen der Commonwealth-Staaten waren strikt gegen eine morganatische Ehe. Das hatte sich, wie gesagt, anno 2022 geändert. Um widerstrebende, angebetete Frauen ins Bett zu locken, hatte eine Reihe von Königen noch in ihrer Zeit als Kronprinzen ihre Mätressen heimlich geheiratet, z. B. George III. die bürgerliche Hannah Lightfoot, George IV. die katholische Mrs. Maria Anne Fitzherbert, William IV. die deutsche Caroline von Linsingen. Alle diese heimlich geschlossenen Ehen waren ungültig, da sie gegen die **„Royal Marriage Act" von 1772** (keine Heirat des Kronprinzen ohne Zustimmung des Vaters) oder die **„Act of Settlement" von 1701** verstießen (keine Heirat des Kronprinzen mit einer Papistin).

Nicht unerwähnt sollte man in diesem Zusammenhang lassen, dass **Camilla`s Urgroßmutter die Hauptmätresse Alice Keppel von Edward VII.** (reg. 1901-1910) war. Die großzügige, bildhübsche, (dänische) **Queen Alexandra** tolerierte die vielen Seitensprünge ihres Ehemannes. Alice Keppel, die weinend am Sterbebett Edward`s VII.

Edward VIII. trat 1936 zurück, weil er seine Mätresse, Wallis Simpson, nicht zur Königin machen durfte (Foto: Wikipedia).

Alice Keppel, die Hauptmätresse von Edward VII., wurde von seiner Frau, Queen Alexandra, toleriert (Maler des Bildes unbekannt).

saß, wurde von Queen Alexandra getröstet und gelobt, dass sie immer *„einen guten Einfluss auf ihren Ehegatten“* gehabt habe.

Der Übergang von der Ära Elizabeth II. zu Charles III. und Queen Consort Camilla vollzog sich u. a. auch deshalb so reibungslos, weil die Monarchie bei der damaligen verheerenden Wirtschaftslage nach dem Brexit, den ständigen Streiks mit Forderungen nach Lohnerhöhungen bis zu 19 % wegen der stetig steigenden Lebenshaltungskosten, dem dreimaligen Regierungswechsel innerhalb eines Jahres als Hort der **Kontinuität** und **Stabilität** erschien.

Der neue König, der sich als Kronprinz in alle möglichen politischen, wirtschaftlichen und kulturellen Angelegenheiten einmischte und selbst den Premierminister **Tony Blair** offen kritisierte, musste sich jetzt als unparteiische Instanz zurückhalten und neutral über dem Parteiengezänk stehen. Nicht von ungefähr wurde er auch der **„Meddling prince“** (meddle = s. einmischen) genannt. Obgleich der Umweltaktivist innerlich vor Wut schäumte, durfte er an dem Weltklimagipfel in Ägypten (November 2022) nicht teilnehmen, weil die neue Regierungschefin **Liz Truss** ihm davon abgeraten hatte. Dabei hatte der US-Präsident **Joe Biden** ihn während des Weltklimagipfels in Glasgow (2021) gelobt: Bei dem Einsatz für den globalen Klimaschutz spiele der Prince of Wales eine Vorreiterrolle in der Welt.

Liz Truss hielt weniger von Umwelt- und Klimaschutz. Sie setzte sich bei der „momentanen Energiekrise“ für eine Förderung von Öl- und Gasvorkommen im eigenen Lande ein. Sie war notfalls auch für das umweltschädliche „fracking“, obgleich die Debatte über dieses heikle Thema von den Konservativen im Unterhaus mehrheitlich abgelehnt wurde. Truss hatte den erzkonservativen Brexiteer **Rees-Mogg** zum Energieminister gemacht, der den ganzen Klimawandel in Zweifel zog. Charles III. war sichtlich erleichtert, dass Liz Truss nach nur **44 Tagen im Amt** ihren Rücktritt erklärte und von ihm am **25. Oktober 2022** als eine der ersten grösseren Amtshandlungen im Buckingham Palace verabschiedet wurde. Kurz darauf erschien **Rishi Sunak**, um von Charles III. formell mit der Regierungsbildung beauftragt zu werden.

Sunak war der erste **Hindu** mit indischem Migrationshintergrund, der allerdings nicht von allen Parteimitgliedern, sondern lediglich

Charles III. verabschiedete in einer Amtshandlung Liz Truss im Buckingham Palace, nachdem sie zu seiner großen Erleichterung zurückgetreten war (Foto: Simon Dawson).

Rishi Sunak, der erste Hindu mit indischem Migrationshintergrund im Amt, wurde von Charles III. formell mit der neuen Regierungsbildung beauftragt (Foto: Prime Minister`s Off.).

von der Tory-Fraktion im Unterhaus zum Premierminister gewählt worden war. Wegen des Ukraine-Krieges war Eile geboten.

In seinem umstrittenen Fernsehinterview vom **Juni 1994** hatte der damalige Prince of Wales versprochen, als König nicht als Supreme Governor **„defender of the faith"**, (Verteidiger und Schutzherr der anglikanischen Kirche), sondern **„defender of faith"** zu sein (Verteidiger aller Glaubensrichtungen), also auch der Muslime und Hindus im Vereinigten Königreich. Er war ja auch nicht, wie irrtümlich behauptet, das Oberhaupt der anglikanischen Kirche, sondern lediglich der weltliche Schutzherr, der auch Bischöfe ernennen durfte. Als er während der Trauerfeiern für Queen Elizabeth im Edinburgher Holyroodhouse mit der „Ersten Ministerin" („First Minister") **Nicola Sturgeon** zusammentraf und an dem

Gottesdienst in der **St. Giles Cathedral** teilnahm, war er **Mitglied der Presbyterianischen Kirche** von Schottland (ohne Bischofssystem).

Natürlich war Charles III. ebenso wie seine Mutter gegen die Unabhängigkeitsbestrebungen der schottischen Nationalisten (SNP) unter Führung der charismatischen Sturgeon und ab **Februar 2023** unter **Humza Yousaf**. Charles III. war natürlich auch gegen den **Brexit**, durfte sich dazu in der Öffentlichkeit aber als überparteiliche Institution nicht äußern (neuer schottischer Regierungschef ab 6. Mai 2024 John Swinney).

So ganz konnte Charles III. das Politisieren dann doch nicht lassen. Als **Rishi Sunak** am **27. Februar 2023** mit **Ursula von der Leyen** als **EU-Kommissionspräsidentin** das sogenannte „Windsor Rahmenabkommen" („Windsor Framework") abschloss, war der neue König hellauf begeistert. Das Abkommen sollte den Streit zwischen EU und UK (United Kingdom) über das Nordirland-Protokoll im Brexit-Vertrag endgültig beenden. Labour hatte dem Deal uneingeschränkt zugestimmt. Es mussten aber noch einige erzkonservative Hinterbänkler wie Rishi Sunak`s neuer Erzfeind **Boris Johnson** und die irischen Unionisten (DUP) überzeugt werden. Um seine Sympathien für das revidierte Nordirland-Protokoll zum Ausdruck zu bringen, lud Charles III. die deutsche EU-Kommissionspräsidentin demonstrativ zu einem Besuch im **Windsor Castle** ein.

Am 22. März 2023 stimmte die überwältigende Mehrheit der Abgeordneten mit 515 : 29 für das neue Nordirland-Abkommen. Auch wenn Charles III. noch nicht die kirchlichen Weihen durch die Krönung am 6. Mai erhalten hatte, so konnte er doch schon bei den wöchentlichen nicht-öffentlichen Gesprächen mit dem Premierminister seinen Einfluss geltend machen und ihn vor Fehlentwicklungen warnen. - Ernste Probleme bereiteten dem neuen König aber die **Abtrünnigen Harry und Meghan**, die mit den Kindern **Archie (drei Jahre alt) und Lilibeth (ein Jahr)** in Kalifornien lebten, und sich nicht mehr an den Sittenkodex des britischen Könighauses gebunden fühlten: **Never complain! Never explain!**

In einem Interview mit der legendären amerikanischen Topmoderatorin **Oprah Winfrey** und in der sechsteiligen Doku-Serie „Harry & Meghan" des Streaminganbieters „Netflix" beschwerten sich

Harry und Meghan lebten mit ihren Kindern Archie und Lilibeth in Kalifornien, fühlten sich nicht mehr an den Sittenkodex des britischen Königshauses gebunden und beschuldigten dieses mit Rassismusvorwürfen (Foto: Mark Jones).

die beiden Sussexes über den latenten Rassismus in der britischen Königsfamilie, besonders in Bezug auf Meghan`s afroamerikanische Wurzeln.

Der Verfassungsrechtler **Walter Bagehot** (1820-1877) hatte bereits im 19. Jahrhundert vor dem Eindringen der Medien in die Privatsphäre der Royals gewarnt: ***„Wir dürfen kein Tageslicht in diese Magie*** [Zauberwelt der Monarchie] ***hineinlassen, sonst wird der Mythos der Monarchie zerstört!“ („We must not let the daylight in upon the magic, otherwise the myth of monarchy will be dest-***

***royed!"*) Auch Antony Sampson analysiert in seinem Buch „The Anatomy of Britain" 1962 die Gefahren für die Monarchie, die von Enthüllungen über das private Leben der Royals ausgehen: ***„Wenn man erst einmal an der äußeren Hülle der Monarchie rührt, so als ob man ein ägyptisches Grab öffnet, wird das Innere wahrscheinlich zerbröseln."* (*„Once you touch the trappings of monarchy like opening an Egyptian tomb, the inside is likely to crumble."*)**

Am **10. Januar 2023** veröffentlichte **Harry** seine **Autobiographie „Spare"**, in der er in seelischer und körperlicher Striptease-Manier alle möglichen überflüssigen Details über sein Leben als Royal offenlegt. Zum Beispiel berichtet er von seinem eingefrorenen Penis während einer Nordpolexpedition. Seine Verleger, die ihm dafür 20 bis 30 Millionen Dollar im Voraus bezahlen mussten, hofften durch solche geschmacklosen Details die Auflagen zu erhöhen. Harry besaß ein geschätztes Vermögen von 50 Millionen Pfund, Meghan als Schauspielerin etwa fünf bis zehn Millionen Dollar. Als ehemalige Royals konnten die Sussexes keine Zuwendungen aus dem Vereinigten Königreich mehr erwarten, und das Leben mit Archie und Lilibet in der Luxusvilla in Hollywood war auch nicht ganz billig. Harry`s Ghostwriter **J. R. Moehringer** verlangte ca. eine Million Dollar. Er ließ Harry in der Ich-Form erzählen, da der schwache Eton-Schüler zu unterbelichtet war, um selbst ein Buch von über 500 Seiten zu Papier zu bringen. **„Spare"** bedeutet im Englischen soviel wie **„Reserve, Ersatz"**. Sein Vater soll ihn so bezeichnet haben: Er sei der 1984 geborene Ersatzthronfolger, falls dem zwei Jahre älteren Bruder William etwas zustossen sollte. Harry`s Urgroßvater **George VI.** war z. B. so ein „spa-

Cover des Skandal-Buches „Spare" (Foto: Sammlung Buchverlag König).

re". Der Stammler hätte nie gedacht, dass er jemals König werden könnte und sein Bruder Edward VIII. 1936 zurücktreten würde.

Harry`s Mutter Diana hatte mit ihm als „Reserve" ihre Schuldigkeit getan, und der Kronprinz Charles konnte wieder ungehemmt die sexuellen Beziehungen zu seiner **Mätresse Camilla Parker Bowles** aufnehmen. Harry erzählt, sein Bruder William und er hätten ihren sturen, kaltherzigen Vater gewarnt, diese *„gefährliche Person" („that dangerous woman")* zu heiraten. Als sie aber ihren Vater nicht umstimmen konnten und sie einsahen, dass Camilla ihn glücklich machte, hätten sie aufgegeben. Ob das alles stimmt, ist fraglich. Bei der Hochzeit ihres Vaters mit Camilla (2005) machten die beiden einen glücklichen, zufriedenen Eindruck. Harry soll gesagt haben: *„I love her to bits." („Ich mag sie sehr").* In seiner Autobiografie bezichtigt Harry die Royals, der verhassten Boulevardpresse unter der Hand geheime Informationen zugesteckt und mit der Klatschpresse kooperiert zu haben. Die **Stiefmutter Camilla** wurde beschuldigt, **der Presse heimlich Hinweise über Meghan gegeben zu haben**.

Der 38-jährige „Spare" kritisiert die Gefühlskälte seines Vaters, der nicht verstehen wollte, was in dem traumatisierten Jungen nach dem tragischen Tod seiner Mutter vorgegangen sei. Der Zwölfjährige habe noch zehn Jahre lang geglaubt, Diana sei lediglich auf eine Insel geflohen, um dort im Verborgenen den Paparazzi zu entkommen. Er hoffte, sie werde doch eines Tages wiederkommen. Er glaubte dem offiziellen Untersuchungsbericht über den Tod seiner Mutter nicht. Erst 2021 war herausgekommen, dass der BBC-Reporter Martin Bashir seine Mutter vor dem „Panorama"-Interview am 20. November 1995 in Panik versetzt habe, indem er der Prinzessin gefälschte Dokumente (Kontoauszüge) vorlegte, die beweisen sollten, dass Diana in ihrem näheren, privaten Umfeld bespitzelt werde. Um seine traumatischen Erlebnisse und seine Minderwertigkeitskomplexe als der ewig Zweite nach William zu kompensieren, habe er als 17-jähriger zum ersten Mal Drogen genommen, berichtet Harry im „Spare". Außerdem habe er damals mit einer älteren Frau hinter einem Pub seinen ersten erniedrigenden Sex gehabt, da diese Person ihn wie einen *„Zuchthengst" („stallion")* behandelt habe.

Erst als Hubschrauberpilot in Afghanistan, wo er 25 Talibankämpfer getötet habe, fühlte er sich als Soldat richtig angenommen. Er bezeichnet seinen Bruder **William** als ***„arch-nemesis“*** *(„Erzfeind“)*, der ihn vor Meghan gewarnt habe. Seine neue Freundin sei ***„difficult, rude and abrasive“*** *(„schwierig, rüde und ungehobelt“)*. Er solle mit der Heirat noch warten. Das habe er (William) auch mit Kate getan. In der Wohnung von Meghan und Harry (im Nottingham Cottage, Teil von Kensington Palace) kam es zum heftigen Streit zwischen den Brüdern. William habe Harry gepackt, die Kette vom Hals gerissen, zu Boden geworfen, wobei ein Hundenapf zu Bruch gegangen sei. Harry habe sich nicht gewehrt.

Nemesis ist im Griechischen die Rachegöttin, und mit dem Buch „Spare“ wollte er sich u. a. auch an William und Kate rächen, die ihm geraten hatten, bei einer Party eine Nazi-Uniform zu tragen. Das sei eine der größten Fehler in seinem Leben gewesen. Harry wollte Meghan vor der rassistisch eingestellten königlichen Familie und vor der Massenpresse schützen, damit es ihr nicht so ergehe wie seiner Mutter Diana. Meghan und Harry zogen dann auch 2018 ins **Frogmore Cottage** / Windsor.

Im Jahre 2019 zogen Harry und Meghan vom Kensington Palace (Nottingham Cottage) ins Frogmore Cottage auf dem Gelände von Frogmore House im Park von Windsor Castle; nach der Veröffentlichung von „Spare“ müssen sie das Haus 2023 wieder verlassen (Foto: Thomas Ingram).

Viele Zuschauer der Trauerprozessionen nach dem Tode der Queen im September 2022 hatten den Eindruck, dass sich die beiden Brüder nun wieder versöhnt hätten, als sie nebeneinander hinter dem Sarg her schritten und gemeinsam am Long Walk in Windsor den trauernden Menschen die Hände schüttelten.

Dem war aber nicht so. Der „Zickenkrieg" zwischen der **angepassten Kate** und der **freizügigen, selbstbewussten Schauspielerin Meghan Markle** hatte längst begonnen, als die beiden noch im Kensington Palace / London wohnten. Während ihrer Junggesellenzeit hielten die beiden Brüder im Andenken an den tragischen Tod ihrer Mutter wie Pech und Schwefel zusammen, u. a. bei Saufgelagen, Sexpartys, Popkonzerten und dem gemeinsamen Skiurlaub mit dem Vater in der Schweiz. Erst Kate und Meghan brachten die beiden auseinander. Das Buch **„Spare"** hat Harry finanziell genützt,

Nach der Trauerprozession zum Tode von Elizabeth II. waren viele Zuschauer davon überzeugt, dass sich die beiden Brüder William und Harry wieder mit einander versöhnt hätten, aber der Schein trog: Der „Zickenkrieg" zwischen der angepassten Princess Kate (links) (Foto: Ian Jones) und der selbstbewussten Meghan (rechts) (Foto: U. S. Embassy) war voll entbrannt.

aber seinem Ansehen geschadet. Im Jahre **2018 war Harry mit 77 % Zustimmung** der beliebteste Royal noch vor der Queen mit 74 % und Charles an siebter Stelle mit 48 %. (Meinungsumfrage in der Zeitung „Daily Mail“ vom 13. November 2018). Im Jahre **2023** rangierte Harry nach „YouGov“-Umfragen mit **73 % Ablehnung an der untersten Stelle** in der Bewertungsskala der Royals.

Nach der Devise „Never Complain! Never Explain!“ äußerte sich Charles III. zu den literarischen „Ergüssen“ seines Sprösslings nicht. Buckingham Palace (die königliche Verwaltung) aber verfügte, dass Meghan und Harry ihr **Frogmore Cottage** in Windsor wieder verlassen müssten. Charles III. reagierte also doch auf die Vorwürfe von Harry. Vielleicht dachte er bei sich: ***„I won`t go spare, if you spare me from having to read ‚Spare.‘“*** *(„Ich werde nicht böse sein, wenn Du mir ersparst ‚Spare‘ lesen zu müssen.“)* (Wortspiel mit den verschiedenen Bedeutungen von „spare“, 1. böse, 2. ersparen, 3. Reserve, Ersatz).

Im **September 2021** waren **William und Kate** mit George (9), Charlotte (7) und Louis (4) ins **Adelaide Cottage** im Sicherheitsbereich von **Windsor Castle** gezogen.

Charles III. ordnete noch kurz vor seiner Krönung im Mai 2023 an, dass **Prince Andrew** anstelle von Harry in das Frogmore Cottage einziehen sollte. Es war billiger im Unterhalt als das pompöse **Royal Cottage**, dass der „Sittenstrolch“ jetzt verlassen musste. Ebenso wie Harry gehörte Prince Andrew nicht mehr zur Kernfamilie der Windsors. Charles III. wollte das Königshaus „verschlanken“. Ebenso wie Harry hatte der sittenlose Herzog von York (63) keine Ansprüche mehr auf Apanagen.

Wenn Harry in England weilte, hatte auch er als abtrünniger Royal keinen Anspruch mehr auf Polizeischutz. Er hatte keinen Wohnsitz mehr im Sicherheitsbereich von Windsor Castle und musste gegebenenfalls einen kostspieligen privaten Sicherheitsdienst engagieren.

Wenn **Charles III.** bei seiner Familienpolitik (slimming down our monarchy) mit Schwierigkeiten zu rechnen hatte, so war er doch als **außenpolitischer Botschafter des Vereinigten Königreichs** erfolgreicher, trotz einiger Kritik von linken Republikanern, die natürlich eine unbedeutende Minderheit darstellten.

7. Kapitel
Der erste Staatsbesuch von Charles III. in Deutschland (29.-31. März 2023)

Charles III. hatte gelobt, sich als König nicht in politische Angelegenheiten einzumischen, kein **„Meddle King“** zu sein. Aber der erste Auslandsbesuch im Auftrag des Regierungschefs Rishi Sunak noch vor der Krönung am 6. Mai 2023 war bereits politisch motiviert. Nach dem erfolgreich abgeschlossenen Windsor-Rahmenabkommen (Windsor framework) über das revidierte Nordirland-Protokoll im Brexit-Vertrag zwischen dem Premier Rishi Sunak und der EU-Kommissionspräsidentin Ursula von der Leyen war der erste Staatsbesuch des neuen englischen Königs ein positives Zeichen für die **Normalisierung der durch den Brexit zerstörten Beziehungen zwischen der EU und dem Vereinigten Königreich**. Im Gegensatz zu Liz Truss und Boris Johnson bemühte sich **Rishi Sunak** um eine **„Entente Cordiale“** (herzliches Einvernehmen) zwischen **EU und UK** (United Kingdom). Er gab deshalb sein Plazet für die erste Auslandsreise des neuen Königspaares nach **Frankreich und Deutschland**, aber nicht, wie erwartet, in eines der Commonwealth-Staaten. Das Parlament hatte mit 515 : 29 dem Nordirland-Deal (inklusive der Labourpartei) mit überwältigender Mehrheit zugestimmt. Nur Boris Johnson gehörte zu den Hardlinern, die dagegen gestimmt hatten. Mit dem neuen Deal sei immer noch nicht eines der Hauptziele der Brexiteers erreicht, die Sicherung der Grenzen (We have to control our borders). Er wollte die katastrophalen Folgen durch den Brexit nicht wahrhaben. Auch die starrköpfigen nordirischen Unionisten (DUP) waren gegen den Deal und blockierten die Bildung einer Koalitionsregierung von Sinn Fein und DUP. Joe Biden, der aus Anlass des 25-jährigen Geburtstages des Karfreitags-Abkommens von 1998 nach Irland kam (er war gegen den Brexit und für den neuen Deal), konnte deshalb nicht von einer ordentlichen Regierung zum Staatsbesuch empfangen werden.

Leider musste **Präsident Macron** den geplanten **Antrittsbesuch** von Charles III. **in Frankreich absagen** und auf einen späteren

Termin verschieben. In Frankreich war es zu gewalttätigen Straßenunruhen infolge eines Streiks um die Rentenreform gekommen (Erhöhung des Renteneintrittalters von 62 auf 64 Jahre). Somit war der **Antrittsbesuch von Charles III. und Queen Camilla vom 25. bis 31. März 2023 in Deutschland der erste ausländische Staatsbesuch des neuen britischen Königspaares.**

Als Kronprinz hatte Charles nach eigenem Bekunden Deutschland bereits **40-mal** besucht, zum ersten Mal **1962** in den Osterferien als 13-jähriger mit seinem Vater, dem Herzog von Edinburgh. Alle vier Schwestern des Vaters waren mit deutschen Adligen verheiratet: Margarita (1905-1981) mit Gottfried von Hohenlohe-Langenfeld, Theodora (1906-1969) mit Berthold von Baden (Sohn von Kanzler Max von Baden), Cecilie (1911-1937) mit Georg Donatus von Hessen, Sophie (1914-2001) mit Christoph von Hessen und später mit Georg von Hannover. Prince Philip hatte 1933 kurzfristig

Als Thronfolger war Prince Charles schon mehrere Male in Deutschland, wie auch 1987 mit seiner damaligen Ehefrau Diana in Bonn bei Bundeskanzler Helmut Kohl und dessen Frau Hannelore (Foto: Bundesregierung / Schaack).

die „Kurt-Hahn-Schule“ in Salem (Bodenseegebiet) besucht und war dann dem jüdischen Schuldirektor und Schulgründer nach **Gordonstoun** / Schottland gefolgt.

Charles als Prince of Wales und Camilla als Duchess of Cornwall waren noch im **November 2020** in Deutschland gewesen. Anlässlich des **Volkstrauertages** hatte der Kronprinz im **Bundestag** sogar eine **Rede zum Teil auf Deutsch** gehalten, das er natürlich gut beherrscht. Aber auch seine Oxbridge-Aussprache in Englisch ist tadellos (ohne das affektierte Oxonian stuttering: *„er, er“*). Sein King`s English könnte ein Vorbild nicht nur für Ausländer, sondern auch für „native speakers“ sein. An der Aussprache erkennt man auch heute noch die Klassenunterschiede. Nicht umsonst werden in den elitären Public Schools (Privatschulen für wohlhabende Bürger und Adlige) „elocution lessons“ (klare, verständliche Aussprache) erteilt. Zum Abschluss seines Berlinbesuches im November 2020 hatte Bundespräsident **Frank-Walter Steinmeier** dem Kronprinzen einen Berliner Plüschbären für seinen 2019 geborenen Enkel Archie und Ministerpräsident **Markus Söder** in München eine „Krachlederne für Babys“ überreicht. Damals aber gab es bereits Differenzen zwischen Vater Charles und seinem zweiten Sohn Harry. Noch im März 2023, kurz vor dem ersten Staatsbesuch seines Vaters und seiner Stiefmutter in Berlin, erschien der aus Kalifornien angereiste Ersatzthronfolger Harry plötzlich unerwartet im großen Londoner Gerichtssaal. Er verklagte nicht nur die Boulevardpresse wegen der rassistischen Berichterstattung, sondern warf auch der eigenen königlichen Familie („the institution“, nicht „the firm“ genannt, wie sonst üblich) vor, ihn im Unklaren über die Abhörpraktiken der „News Group Newspapers“ (NGN) (u. a. „The Sun“) und der Associated Press (u. a. „Daily Mail“) gelassen und darüber geschwiegen zu haben.

Was die Vorwürfe von **Tom Bower** anbelangt, Charles sei als zukünftiger König zu „pingelig“ und „etepetete“ gewesen, so ließ sich das jetzt in Erinnerung an seine Reise nach Berlin im **November 1995** nicht bestätigen. Charles hatte damals eine einfache Familie in einer Wohnung in Berlin-Hellersdorf besucht. Auf dem Tisch wurden ihm „Mon Cheri“ und einfacher „Rotkäppchen“-Sekt angeboten, beim Staatsbankett in Schloss Bellevue 2023 gab es keinen exklusiven Champagner, sondern guten Bio-Wein aus deutschen Anbaugebieten.

Als King Charles III. und Queen Camilla am **29. März 2023** zum Staatsbesuch nach Deutschland kamen, war das, wie bereits erwähnt, in mehrfacher Hinsicht ein **historisches Datum**. Es erinnerte an den **29. März 2017**, als die britische Regierung den **Austritt aus der EU** nach Artikel 50 des Lissabonner Vertrages **in Brüssel beantragte**. Die Regierungschefin **Theresa May** glaubte allen Ernstes daran, die EU am 29. März 2019 verlassen zu können. Sie scheiterte kläglich unter Tränen, und ab **Juli 2019** setzte der neue populistische Premier **Boris Johnson** die Verhandlungen mit Brüssel bis zum **31. Januar 2020** und einer elfmonatigen Übergangsfrist fort.

Der **29. März 2023** war auch in anderer Hinsicht bedeutsam. Es war **der erste Staatsbesuch des neuen Königs im Ausland** und diente Rishi Sunak zur Aussöhnung mit der EU nach den „Wirren des Brexit". Auch der erste offizielle Staatsbesuch von Queen **Elizabeth II.** im Jahre **1965** in Deutschland sollte zur Versöhnung der ehemaligen Kriegsgegner beitragen. Damals reisten Queen Elizabeth und Prince Philip im Auftrag von Labour-Premierminister **Harold Wilson**. Die Mehrheit der Tories hatte damals noch Bedenken, dem ehemaligen Kriegsgegner die Hand zur Versöhnung zu reichen.

Natürlich gab es 2023 auch in England Kritiker, die einen Besuch des neuen Königs und seiner Gattin in einem Commonwealth-Land vorgezogen hätten. Den Nörglern aber konnte man entgegenhalten, dass Charles III. noch ungekrönt war und noch nicht die **Imperial State Crown** tragen durfte, die das ehemalige Empire und das heutige Britische Commonwealth of Nations symbolisiert. Immerhin war Charles III. ja auch das repräsentative Oberhaupt von 14 Commonwealth-Staaten.

Trotz des typischen britischen Aprilwetters im März war der erste Staatsbesuch von Charles III. und Queen Camilla in Deutschland ein großartiger, einmaliger Erfolg.

Am **29. März 2023** landete das Flugzeug pünktlich um 14 Uhr in Berlin, und Charles III. und Queen Consort Camilla wurden auf dem Flugplatz mit 21 Salutschüssen und zwei aufgestiegenen „Eurofightern" am Himmel begrüßt. Man fuhr dann sofort zum **Brandenbur-**

Berlin, 29. März 2023: Ankunft auf dem Flughafen Berlin-Brandenburg: Am Nachmittag landete das Flugzeug mit König Charles und Königin-Gemahlin Camilla in Deutschland (Foto: Bundesregierung / Schacht).

Am Brandenburger Tor empfängt Bundespräsident Frank-Walter Steinmeier den neuen britischen Monarchen (Foto: Bundesregierung / Denzel).

ger Tor auf dem Pariser Platz, wo der britische König und seine Gemahlin vom Bundespräsident **Frank-Walter Steinmeier** und seiner Gattin Elke Büdenbender mit militärischen Ehren empfangen wurden. Zum ersten Mal fand der Empfang durch den Bundespräsidenten nicht vor dem **Schloss Bellevue**, sondern vor der eindrucksvollen Kulisse des Brandenburger Tores im Zentrum Berlins statt.

Trotz der nassen Kälte von zehn Grad Celsius focht das den König im dunkelblauen und Camilla im hellblauen, langen Mantel nicht an. Charles III. schritt gut gelaunt die Ehrengarde von 130 Bundeswehrsoldaten ab und schüttelte dann an den Absperrgittern den begeisterten Zuschauern die Hände. **Er gab sich lockerer und volksnäher als seine Mutter bei ihren früheren Besuchen in Deutschland.** Er trug beim Handshaking auch keine Handschuhe. Als die gelbe Kappe eines Zuschauers vom Wind verweht in den abgesperrten Sicherheitsbereich fiel, bückte sich der Monarch und gab diese dem völlig verduzten Mann über das Absperrgitter hinweg wieder zurück. Ein einmaliger Moment, der den König zum Anfassen sympathisch machte. Viele Fans überreichten dem britischen König kleine Geschenke wie z. B. einen Blumentopf zum Einpflanzen in Highgrove.

Nach dem Empfang vor dem Brandenburger Tor ging es zum Amtssitz des Bundespräsidenten, dem Schloss Bellevue. Hier folgten Gespräche mit Experten für Klimaschutz, Energiewende und Nachhaltigkeit; Themen, die dem König besonders am Herzen lagen. Leider hatten sich die Berliner gerade bei einer Volksabstimmung über die Beschleunigung der Maßnahmen zum Klimaschutz negativ entschieden, und in der Ampel-Koalition verloren die Grünen, was den Klimaschutz anbelangt, gegenüber den Sozialdemokraten und Liberalen an Gewicht.

Im Garten von Bellevue pflanzten Charles III. und Bundespräsident Steinmeier gemeinsam einen Baum als Zeichen für „grüne" Nachhaltigkeit.

Am Abend des 29. März hatte der Bundespräsident zu einem **Staatsbankett** mit 130 Ehrengästen eingeladen (u. a. Merkel, Gauck, Wulff). Es war strikte Kleiderordnung angesagt, die Herren im Frack, die Damen in langen Abendkleidern. Bei seiner launigen Tischrede auf Deutsch dankte Charles III., dass so viele Gäste sich

Bei seiner Tischrede bekennt sich der König zur deutsch-britischen Zusammenarbeit: *„Ich kann Ihnen nur versichern, dass ich in der Zeit, die mir als König vergönnt sein wird, alles tun werde, um unsere Beziehungen weiter zu stärken“* (Foto: Bundesregierung / Bergmann).

zum Staatsbankett eingefunden hätten; er habe schon befürchtet, es werde nur ein „Dinner for One“ werden.

Nach der Übernachtung im Hotel Adlon besuchte das Königspaar am nächsten Morgen einen Wochenmarkt mit Bio-Produkten in Hellersdorf. Camilla und Charles suchten das Bad in der Menge und unterhielten sich mit Verkäufern, Kunden und Schaulustigen. Einem Honigverkäufer schenkte Charles ein Glas Bio-Honig aus eigener Produktion.

Der **Höhepunkt des Staatsbesuchs** in Deutschland war die **erste Rede eines Königs im Parlament**. Im Vorfeld hatten die Linken Bedenken, dass ein nicht parlamentarisch gewählter, von Geburt an privilegierter Monarch vor gewählten Volksvertretern sprechen durfte. Bei Charles III. handelte es sich aber um das repräsentative Oberhaupt eines demokratischen Staates, das bei Meinungsumfragen mehr Zustimmung erhielt als jede Partei. In einer parlamentarischen Monarchie gehören König, Oberhaus und Unterhaus zum Parlament. 65 bis 70 % der Briten sind immer noch für die Beibehaltung der Monarchie. Rishi Sunak wusste schon, weshalb er Charles III. nach Deutschland schickte. Ein König, der sich 74 Jahre lang auf sein Amt vorbereiten konnte, der mit Glanz und Gloria in Deutschland empfangen wurde, hatte mehr Strahlkraft, machte mehr her als ein farbloser Außenminister oder ein großmäuliger, populistischer Lügenbaron wie Boris Johnson. **Charles III. war der erste König mit deutschen Wurzeln, der seine zwanzigminütige humorvolle, aber auch tiefsinnige Rede auf Deutsch hielt**.

Er begann seine Rede mit *„Es ist eine große Ehre hier zu sein [...] Um das Bekenntnis der Freundschaft zu erneuern, gibt es kaum einen besseren Raum als dieses Gebäude.“* Er erinnerte damit daran, dass die Glaskuppel des Bundestagsgebäudes von dem englischen Architekten **Norman Foster** entworfen wurde. Wenn Charles von der Erneuerung der Freundschaft sprach, so war dies auch eine Spitze gegen die feindselige Haltung der Brexiteers zu Deutschland. Das Wort „Brexit“ erwähnte Charles nicht. Er war, ebenso wie seine verstorbene Mutter, gegen den Brexit, musste aber als Royal, wie bereits wiederholt erwähnt, neutral sein und seine Meinung für sich behalten. Wenn Charles die Asylpolitik der Bundesregierung lobte, kritisierte er indirekt auch die Asylpolitik seiner Regierung, die illegalen Bootsflüchtlingen über den Ärmelkanal (45.000 im Jahre 2022) kein Asylverfahren gewähren, in Massenunterkünften (detention centres) unterbringen und nach Ruanda ausweisen wollten. Charles III. besuchte deshalb auch eine Unterkunft für Asylsuchende aus der Ukraine.

In seiner Rede lobte Charles die gute Zusammenarbeit der beiden größten Geberländer für die Ukraine: *„Deutschland und das Vereinigte Königreich haben eine wichtige Führungsrolle als größte europäische Geberländer der Ukraine [...] Die Sicherheit Europas ist ebenso bedroht wie unsere demokratischen Werte. Die Geißel des Krieges ist zurück in Europa.“*

Als der 13-jährige Prinz **1962** zum ersten Mal in Deutschland war, hatten die Konservativen noch Angst vor dem Wiedererstarken eines deutschen Militarismus. Welch ein Treppenwitz der Geschichte! Jetzt aber kritisierten die Konservativen unter Rishi Sunak, dass

Deutschland anfangs zu zögerlich bei der Militärhilfe für die Ukraine gewesen sei und dass Britannien bei der Aufrüstung der Ukraine eine Vorreiterrolle gespielt habe.

Die Rede des britischen Königs vor dem Bundestag war voller Witz und Humor. *„Wir haben in den vergangenen 50 Jahren viel gelacht - übereinander und untereinander.“* In den in Deutschland beliebten Sketchen der Komikergruppe „Monty Python“ oder dem Silvester-Dauerbrenner **„Dinner for One“** haben die Briten den Deutschen das Lachen gelehrt. Aber die betagte Dame Sophie und ihr vertrottelter Butler James seien *„kein genaues Bild des modernen Britannien“*. Heutzutage reiche es nicht, nur zu sagen: *„The same procedure as every year.“* **Die Rede des neuen britischen Königs Charles III. endete mit „Standing Ovations“ der deutschen Volksvertreter im Bundestag.**

Am Nachmittag (30. März 2023) besuchten der Bundespräsident und Charles III. in Brandenburg ein deutsch-britisches Pionierbataillon, das den Brückenbau zur Überquerung eines Flusses übte.

Danach ging es zur Besichtigung des **Ökodorfes Brodowin**, eine wichtige Station für den *„grünen Bio-Bauern“*, den man früher als verrückten Öko-Freak verspottet hatte. Hier in Brodowin leitet Familie von Maltzan einen der größten Bio-Betriebe der Handelsmarke „Demeter“ in der Bundesrepublik. Das Ökodorf ist ganz nach den Richtlinien von **Rudolf Steiner** (1861-1925), dem Begründer der Anthroposophie, ausgerichtet; d. h. **eine biologisch-dynamische Landwirtschaft, die durch den pfleglichen Umgang mit der Natur zu einer *„religiös-spirituellen Weltansicht“* führt.** Durch die Industriealisierung der Landwirtschaft (künstliche Düngung) habe sich der Mensch zu sehr von der Natur entfernt. Charles` Credo hat ebenso wie Steiner eine pantheistische Komponente.

Schon im Jahre **2003** hatte Charles als **Prince of Wales** seine weitsichtige Weltanschauung folgendermaßen zum Ausdruck gebracht: ***„Ich bin nach und nach zu dem Bewusstsein gekommen, dass mein ganzes Leben bisher von dem Wunsch geleitet ist zu heilen - die verschandelte Landschaft und den verseuchten Boden zu heilen, die grausam zerstörte Stadtlandschaft zu heilen, wo die Harmonie durch Kakophonie ersetzt worden ist.“ („I have come to realize that my entire life so far has been motivated by a desire to heal***

- to heal the dismembered landscape and the poisoned soil, the cruelly shattered townscape where harmony has been replaced by cacaphony.“ (Zit. J. Paxman: „On Royalty“, S. 180. London, 2006).

Ob Charles in einer privaten Waldorf- oder Rudolf-Steiner-Schule besser als Schüler zurechtgekommen wäre als in Cheam oder Gordonstoun, ist fraglich. In den Waldorf-Schulen gibt es keine Zensuren, kein Sitzenbleiben, keine Prügelstrafe, die, wie Charles einmal sagte, ihm in Cheam gut getan habe.

Als Charles in Brodowin eintraf, ging hier gerade ein heftiges Gewitter nieder und lediglich in der Molkerei konnte er sich beim Käsemachen informieren. Auf jeden Fall erhielt er neue Anregungen für seinen Bio-Hof und Garten in Highgrove.

Am **31. März 2023** fuhr das Königspaar, begleitet von dem Bundespräsidenten und seiner Gattin umweltfreundlich im „Intercity“ nach **Hamburg**, das sie mit typisch britischen Nieselregen begrüßte. Am Bahnhof Dammtor besichtigten sie das Denkmal „Kindertransport. Der letzte Abschied“, das an die Transporte jüdischer Kinder während der Hitler-Diktatur nach England erinnert. Trotz

Der König besucht in der Gemeinde Chorin den Biobetrieb Ökodorf Brodowin und wird vom Eigentümerpaar Ludolf und Katja von Maltzan empfangen, die ihn durch die Molkerei des Hofs führen (Foto: Bundesregierung / Bergmann).

des schlechten Wetters schüttelten Charles und Camilla vor dem Rathaus eifrig die Hände von begeisterten Zuschauern. Charles trug sich im Rathaus (ebenso wie seine Mutter 1965) ins Goldene Buch der Stadt ein. Er benutzte dabei seinen eigenen Füllfederhalter. Er wollte nicht noch einmal wie bei der Unterzeichnung seiner Proklamation über ein kleksendes Schreibutensil fluchen müssen. **Er hatte sich tadellos im Griff, jeder Zoll ein volksnaher König mit viel Sinn für britischen Humor.**

König Charles III., seine Gemahlin Camilla, der Bundespräsident Frank-Walther Steinmeier und dessen Gattin Elke Büdenbender auf dem Balkon des Hamburger Rathauses (Foto: Minzoblate).

Vom Balkon des Hamburger Rathauses bietet sich ein einzigartiger Ausblick auf die vielen Schaulustigen (Foto: Bundesregierung / Denzel).

8. Kapitel
Vorbereitungen für die Krönung am 6. Mai 2023

Schon sofort nach der Thronbesteigung des neuen Monarchen im September 2022 begannen die minutiös ausgearbeiteten Vorbereitungen für die Krönung am 6. Mai 2023. Zunächst musste die **Edwardskrone**, das wichtigste Prunkstück der Kronjuwelen, aus dem Tower geholt werden. Die 1661 für Charles II. angefertigte Krone, mit der 1953 auch Elizabeth II. gekrönt wurde, sollte umgearbeitet und dem Kopf von Charles III. angepasst werden. Das goldene, mit Edelsteinen besetzte Prunkstück, war eine **Kopie der St. Ed-**

Ein Teil der königlichen Insignien: Zwei Zepter, Reichsapfel, Ring und das wichtigste Prunkstück der Kronjuwelen - die Edwardskrone (Foto: UK government).

ward`s Crown, benannt nach Edward, The Confessor (reg. 1049-1066). Das Original wurde von den puritanischen Republikanern unter **Oliver Cromwell** zerstört, nachdem sie Charles I. anno **1649** hingerichtet hatten. Das Gold wurde von diesen zelotischen Kulturbanausen und Bilderstürmern eingeschmolzen. Seit 1066 sind alle Königinnen und Könige in der Westminster Abbey mit der Edwardskrone (Original bzw. Replikat) gekrönt wurden. Erst nach der Krönung mit der Edwardskrone durfte der Monarch auch die **Imperial State Crown** aufsetzen; eine Art Kaiserkrone, die alljährlich bei der Eröffnung des Parlaments mit der Queen`s bzw. King`s Speech (das vom Premierminister ausgearbeitete Regierungsprogramm) im Oberhaus aufgesetzt werden durfte. Bei den Trauerfeierlichkeiten im September 2022 wurde die Imperial State Crown auf dem Sarg der verstorbenen Queen plaziert.

Bei der Investitur als „Prince of Wales" im Carnaervon Castle (Wales) 1969 trug Charles III. bereits ein Diadem, das ihm seine Mutter, die Queen, aufs Haupt gesetzt hatte.

Edward I. (reg. 1272-1307), der 1296 nicht nur Schottland, sondern auch Wales unterworfen hatte, verlieh seinem 18-jährigen Sohn Edward im Jahre 1301 in **Carnaervon Castle** zum ersten Mal den Titel **„Prince of Wales"** (reg. als Edward II. 1307-1327), das heißt der englische König erhob nicht nur den Herrschaftsanspruch auf Schottland, sondern auch auf Wales.

Im Jahre 1296 hatte der siegreiche Edward I. bei seinem Beutezug in Schottland den legendären **„Krönungsstein von Scone"** (stone of destiny = Schicksalsstein), auf den sich bisher bei der Krönung alle schottischen Könige als Zeichen der Unabhängigkeit zu setzen pflegten, widerrechtlich geraubt, in die Westminsterabtei geschafft und in den **Krönungsstuhl** unterhalb der Sitzfläche einbauen lassen. Von 1307 bis 2023 mussten sich auch alle englischen Königinnen und Könige bei der Krönungszeremonie auf diesen tausendjährigen **Coronation Chair** mit dem schottischen Krönungsstein setzen. Der seit 70 Jahren nicht mehr benutzte Krönungsstuhl sollte für die Krönung von Charles III. am 6. Mai 2023 restauriert werden. Es fehlte aber der schottische Schicksalsstein von Scone, auf den sich 1953 noch Queen Elizabeth gesetzt hatte. Im Jahre **1996** hatte der konservative Regierungschef John Major den nach mehr Unabhängigkeit strebenden Schotten das **nationale Kleinod** als Leihgabe überlassen. Der hässliche **Sandstein** (68 cm lang, 28 cm breit, 207 kg schwer) wird seitdem bei den **Kronjuwelen in Edinburgh Castle** aufbewahrt. Die schottischen Nationalisten weigerten sich, diesen symbolträchtigen Stein 2023 wieder herauszugeben. Einige von ihnen schlugen eine Krönungszeremonie in der St. Giles Cathedral von Edinburgh vor, bei der sich Charles III. auf den „Stone of Destiny“ setzen könne. Auch nach einer eventuellen Unabhängigkeit von England stehen die schottischen Nationalisten loyal zum House of Windsor und zu Charles III. als repräsentatives Oberhaupt eines souveränen schottischen Staates in Personalunion mit England, aber auch mit Zugang zum europäischen Binnenmarkt wie Nordirland. Auch **Charles II.** (reg. 1660-1685) war bereits **1651** zum schottischen König gekrönt worden, nachdem er die presbyterianische Kirchenordnung ohne Bischöfe anerkannt hatte und bevor er nach Frankreich fliehen musste.

Im Jahre **1950** waren drei schottische Studenten nachts in die Westminsterabtei eingedrungen und hatten den Schicksalsstein aus dem Königsstuhl gewaltsam herausgebrochen. Dabei zerbrach er in zwei Teile und musste später mit Dübeln zusammengefügt werden. Als Zeichen der Unabhängigkeit von Schottland wurde der Sandstein kurzfristig im schottischen Arbroath zur Schau gestellt, bevor die Sicherheitskräfte ihn wieder nach London in die Westminster Abbey schafften. Zur Krönung Elizabeths II. 1953 war der Stein wieder rechtzeitig in den Coronation Chair eingebaut worden. Viele Experten bezweifeln, ob dieser Stein überhaupt echt ist (s. E. Korthals: „Schottland - ein kulturhistorischer Reiseführer“, S. 22 „Der Schicksalsstein - eine Fälschung“. Buchverlag König, Greiz 2016). Es ist fraglich, ob die charismatische schottische Regierungschefin **Nicola Sturgeon**, die eifrigste Trommlerin für die Unabhängigkeit Schottlands, der Überführung des schottischen Nationalheiligtums zugestimmt hätte, wenn sie nicht schon vorher am 15. Februar 2023 überraschend ihren Rücktritt angekündigt hätte.

Der neue schottische **First Minister Humza Yousaf** war seit dem **28. März** nicht nur der erste **muslimische Vorsitzende** der schottischen Nationalpartei SNP, sondern auch der erste **muslimische Regierungschef in der schottischen Geschichte** mit einer traditionell

Der Krönungsstuhl (Coronation Chair) ohne den Stone of Scone (Foto: Darkmaterial).

presbyterianischen Kirchenordnung. Er war gemäßigter als Nicola Sturgeon und stimmte schließlich zu, dass der Krönungsstein nach feierlicher Aussegnung im Edinburgher Schloss für *„diesen bedeutsamen historischen Moment"* nach London ausgeliehen und symbolträchtig im Coronation Chair *„untergebracht"* werde. Nach der Krönung sollte der Schicksalsstein wieder bei den Kronjuwelen im Edinburgher Schloss aufbewahrt bleiben bis zur Krönung des nächsten britischen Herrschers.

Bei den Vorbereitungen für die Krönung von Charles III. musste die sogenannte **„Goldene Ampulle"** (golden ampulla), ein goldenes Gefäß, in dem das **Salbungsöl** aufbewahrt und mit dem **Coronation Spoon** (ein silberner Löffel aus dem 12. Jahrhundert) entnommen wird, bereits zwei Monate vor dem 6. Mai 2023 für den

Die „Goldene Ampulle" mit dem Salbungsöl und davor der Coronation Spoon (Foto: Cyril Davenport).

wichtigen „magischen Moment“ der Anointment (Salbung) bereitgestellt werden. Das Salbungsöl bestand aus Olivenöl, das von dem Ölberg aus Jerusalem stammt, u. a. von dem Hain in der Nähe der Himmelfahrtskapelle und der Maria Magdalena-Kirche, wo Alice Battenberg, Charles` deutsche Großmutter väterlicherseits, ihre letzte Ruhestätte fand. Der griechische Patriarch Theophilos III. und der anglikanische Erzbischof Hosam Naoum hatten dann das vom Ölberg gewonnene Salbungsöl in der Grabeskirche von Jerusalem geweiht. Bei der Krönung von Elizabeth II. 1953 durfte die mystische, magische, weihevolle Salbungszeremonie nicht von TV-Kameras übertragen werden, denn der Mythos einer gesalbten Königin (anointed Queen) von Gottes Gnaden sollte erhalten bleiben. Die gottesfürchtige, religiöse Queen soll angeblich wirklich geglaubt haben, von Gott auserwählt worden zu sein, als christliche Herrscherin bis zum Tod ihre königlichen Pflichten erfüllen zu müssen. Bei seiner Krönung am 12. Mai 1937 soll Elizabeths Vater, George VI., bei der Salbung durch den Erzbischof von einer religiösen „Erhebung, Verzückung“ (exaltation) erfasst worden sein. Während der Zeremonie, so berichtete Erzbischof Lang später, habe George VI. den Eindruck gehabt, dass *„noch Ein Anderer“ („some One Else“* = God) bei ihm war (siehe: Sarah Bradford: „George VI.“. London, 1989).

Nach einer „YouGov“-Umfrage sei das Interesse an der Krönung von Charles III. bei jungen Leuten im April 2023 nicht besonders groß. Die Trauerbezeigungen aber für Diana, der „Königin der Herzen“, die wie eine Heilige verehrt wurde, offenbahrten, dass es nicht unbedingt einer Salbung bedarf, um in einer modernen parlamentarischen Demokratie vom Volk vergöttert zu werden. Nicht nur wegen perfekt inszenierten Trauerfeiern, Hochzeiten, Geburtstagen (Trooping the Colour) und Krönungen halten immer noch 65 bis 70 % der Briten - komme, was wolle - zu ihrer parlamentarischen Monarchie. Wer das Blumenmeer und die Votivgaben vor dem Kensington Palace, dem Buckingham Palace oder Balmoral Castle nach dem Tod von Princess Diana oder Queen Elizabeth II. mit eigenen Augen gesehen hat, wird vielleicht sogar an die Devolutionarien vor den Bildern von Heiligen in den mittelalterlichen Pilgerstätten erinnert.

9. Kapitel
Die Krönung

Ausgerechnet am **Samstag, dem 6. Mai 2023**, dem lang ersehnten Höhepunkt im Leben von Charles III. regnete es den ganzen Tag. Es war wirklich kein „Kaiserwetter", aber auch kein böses Omen.

In einigen der 56 Commonwealth-Staaten bzw. der früheren von der Sonne ausgetrockneten britischen Kolonien gilt der Regen immer noch als Symbol der Fruchtbarkeit und Üppigkeit und der ehemals unterworfene indigene König als Wunderheiler und Regengott. Trotz der nasskalten Witterung war diesbezüglich auch der Deutschlandbesuch von Charles III. und Queen Consort Camilla im März 2023 ein großartiger Erfolg.

Das typisch britische Regenschirmwetter („umbrella day") tat dem Jubel von Hunderttausenden von Menschen, die aus allen Landesteilen, dem Commonwealth und dem übrigen Ausland nach London angereist waren, nicht den geringsten Abbruch. Viele frustrierte „Untertanen der britischen Krone" waren auch deshalb in Scharen herbeigeströmt, um dem tristen Alltag bei ständig steigenden Lebenshaltungskosten zu entfliehen und sich an dem Glitzer und Glamour, der Magie der königlichen Märchenwelt zu erfreuen.

Im Vorfeld der Krönungsvorbereitungen hatte es Warnungen vor terroristischen Anschlägen gegeben. Aber bis auf einige **Proteste auf dem Trafalgar Square** blieb alles ruhig und friedlich, weil die Polizei präventiv 65 verdächtige Ruhestörer vorübergehend bis zu 16 Stunden in Gewahrsam genommen hatte. Die Metropolitan Police (MET) glaubte, ihr hartes Vorgehen sei durch das verschärfte **Demonstrationsgesetz** (Public Order Act) gerechtfertigt. Am Rande des Prozessionsweges, ohne dass die Zuschauer oder das Königspaar etwas davon mitbekamen, wurden anti-monarchische Aktivisten, die Plakate wie **„Not My King"** oder **„Parasite King"** auf dem Trafalgar Square in die Höhe hielten, zeitweise verhaftet. Auch junge Leute, die nur ein T-Shirt mit einem anti-monarchischen Logo trugen, wurden vorsorglich in Handschellen abgeführt und stundenlang festgehalten. Ein Protestler mit einem Megafon in der Hand kam für zwölf Stunden ins Gefängnis, weil er damit die Paradepfer-

Bis auf einige Proteste auf dem Trafalgar Square blieb am Krönungstag alles ruhig und friedlich (Foto: Alisdare Hickson).

de hätte erschrecken können. Auch **Graham Smith**, der bekannte Vorsitzende der anti-monarchischen Bewegung **„Republic"** musste 16 Stunden lang im Polizeigewahrsam verbringen, was natürlich noch ein gerichtliches Nachspiel hatte. Selbst sein Smartphone wurde in dieser Zeit einkassiert. Er hatte schon vorher gefordert, dass Charles III. in Zeiten katastrophaler wirtschaftlicher Not nach dem Brexit die geschätzten Kosten von 100 bis 380 Millionen Pfund (?) für die Krönungsfeierlichkeiten aus eigener Tasche bezahlen und das nicht dem Steuerzahler überlassen sollte. Die Zahl der Republikaner war mittlerweile auf 25 % angewachsen. Auch wenn 28,5 bis 32 % der jungen, von sozialen Medien beeinflussten Menschen zwischen 18 und 24 Jahren äußerten, dass sie an den Krönungsfeierlichkeiten nicht interessiert seien und teilweise sogar für die Abschaffung der Monarchie plädierten, so belegt doch die Begeisterung der Bevölkerung auf den Straßen, öffentlichen Plätzen, den Pubs und im Fernsehen das Gegenteil . Wenn es 2023 zu einem Referendum gekommen wäre, hätten sich mindestens 65 bis 70 % der Briten für die Beibehaltung der Monarchie entschieden.

Die Krönung von zwei Ehebrechern mit dem Segen der anglikanischen Kirche wäre 1997 nach dem Tod von Prinzessin Diana oder 1936 nach dem Tod von George V. (Edward VIII. wollte eine geschiedene Amerikanerin heiraten und zur Königin machen) undenkbar gewesen. Anno 2023 war Charles III. in der Beliebtheitsskala der Royals von 20 % im Jahre 1997, von 48 % im Jahre 2018, auf 52 % gestiegen. Nach dem Tod der verehrten Queen Elizabeth II. anno 2022 hatte ihr Sohn als Thronfolger alles richtig gemacht. Auf sein Betreiben waren die Krönungsfeierlichkeiten minutiös ausgearbeitet und geprobt worden. Es konnte nichts mehr schiefgehen. Es sollen insgesamt sogar 29.000 Sicherheitsbeamte in Uniform und Zivil im Einsatz gewesen sein.

Um **10.20 Uhr** (GMT – Greenwich Mean Time) verließ das Königspaar Charles III. und Queen Consort Camilla in der bequemen, temperierten, dreispännigen **Diamond Jubilee-Staatskutsche** (von 2014) den Buckingham Palace mit prächtigem Gefolge, um die kurze Prozessionsstrecke von 2,29 Kilometer bis zur Westminster Abbey feierlich im Schritttempo zurückzulegen. Es ging am Victoria-Denkmal vorbei die Prachtstraße The Mall entlang, vorbei an Cla-

Das Königspaar verließ den Buckingham Palace und fuhr in der bequemen, dreispännigen Diamond Jubilee-Staatskutsche zur Westminster Abbey (Foto: Katie Chan).

rence House (dem Wohnsitz von Charles & Camilla) und St. James`s Palace (wo der Thronfolger zum ersten Mal zum König ausgerufen wurde) sowie den Statuen von Queen Mum & George VI. bis zum Admiralty Arch (Torbogen) hindurch zum südlichen Teil vom Trafalgar Square (mit der Statue von Charles II. auf der Verkehrsinsel). Dann bog die Kutsche mit dem Königspaar, das von den Protestlern auf dem Trafalgar Square nichts mitbekommen hatte, nach Whitehall um, am Cenotaph und der Downing Street vorbei, bis zum Parliament Square. Am Straßenrand jubelten Tausende von mit Regencape und Schirm ausgestattete Menschen dem Königspaar zu. Einige Fans hatten sich schon in der Nacht zuvor mit Hilfe von regendichten Schlafsäcken und Zeltplanen die günstigsten Zuschauerplätze gesichert. Um **10.53 Uhr** erreichte die Diamond Jubilee-Coach mit dem barhäuptigen Königspaar die **Westminster Abbey**, wo sie von **2200 geladenen Gästen** erwartet wurden.

In der ersten Reihe saß die königliche Familie bis auf Prince Harry, der nun als Abtrünniger in der dritten Reihe sitzen musste. Er war nur für 26 Stunden ohne Meghan, Archie und Lilibet nach England geflogen, um dann wieder sofort nach dem Gottesdienst nach Kalifornien zurückzukehren. Unter den Gästen befanden sich ausser den Honoratioren aus den 56 Commonwealth-Ländern (in 14 davon war Charles III. das repräsentative Staatsoberhaupt) u. a. auch alle ehemaligen Premierminister (John Major, Tony Blair, Gordon Brown, David Cameron, Theresa May, Boris Johnson, Liz Truss), aus Paris Emanuel Macron, aus Brüssel EU-Kommissionspräsidentin Ursula von der Leyen, aus Berlin Bundespräsident Frank-Walter Steinmeier teil.

Begleitet von der Musik mehrerer gemeinsam auftretender Chöre und Orchester nahm das Königspaar auf den beiden Thronsesseln Platz. Charles III. hatte mehrere neue Musikwerke in Auftrag gegeben, z. B. wurde am Ende der Zeremonie Andrew Lloyd Webber`s Hymne **„Make a joyful noise“** zu Gehör gebracht. Zum ersten Mal trat hier auch ein Gospel-Chor auf, und um die Einheit des Vereinigten Königreichs zu demonstrieren, wurde die Hymne „Come Holy Ghost“ nicht nur auf Englisch, sondern auch im Walisischen, Schottischen und Irischen Gälisch vorgetragen. Beim Gottesdienst nach anglikanischem Ritus las Rishi Sunak, der amtierende Premierminister, ein praktizierender Hindu, ein Kapitel aus der christlichen Bibel vor, ganz im Sinne von Charles III., der ja ein Verteidiger aller Glaubensrichtungen (defender of faith) sein wollte und stets den interkonfessionellen Dialog mit Hindus, Buddhisten, Sikks, Juden und Muslims suchte. Beim Treueid aber musste er ausdrücklich schwören, „wie gesetzlich festgelegt, **die Reformierte Protestantische Religion zu unterstützen“ („to uphold the Protestant Reformed Religion established by law“).** Das galt auch für die Presbyterianer in Schottland, auf deren Krönungsstein im Coronation Chair er nun saß. In England war er ja, wie bereits erwähnt, Schutzherr der anglikanischen Kirche (er durfte Bischöfe ernennen), in Schottland war er Mitglied der puritanisch-presbyterianischen Kirche, in der nur Presbyter und keine Bischöfe regieren. Der Gottesdienst in der Westminster Abbey wurde nach anglikanischem Ritus mit dem Erzbischof von Canterbury durchgeführt. Charles III. musste schwören, „die Bürger des Vereinten Königreichs und des Commonwealth gemäß ihrer Gesetze und Bräuche zu regieren“. Diesen **Treueid, das Treuebündnis zwischen König und Volk (covenant)**, musste er in feierlicher Zeremonie eigenhändig unterschreiben. Charles III. betonte ***„I am here to serve, not to be served“*** *(„Ich bin hier zu dienen und nicht bedient zu werden“.)* Nach dem Treueid, dem er dem Erzbischof von Canterbury gegenüber geleistet hatte, kam erst der wichtigste Teil des Gottesdienstes, **die heilige Salbung (anointment)**, eine alttestamentarische Zeremonie, die es in dieser Form nur noch im Vereinigten Königreich von Großbritannien (England, Wales, Schottland) und Nordirland gibt. Die Salbung, so hieß es, sei eine private Zwiesprache mit Gott, bei der keine Fernsehkameras zugelassen waren. Charles III. erhob sich vom Thronsessel und nahm jetzt auf dem **Krönungsstuhl** (Coronation Chair) Platz, unter dessen Sitz sich der aus Schottland herbeigeschaffte Krönungsstein von Scone (Stone of Destiny = Schicksalsstein) befand. Drei mobile Paravents (Sichtschutzwände) wurden hereingebracht und bildeten eine Art drei Meter hohe Zelle um den Stein herum. Sie schirmten den König von den Augen der Gottesdienstbesucher ab. Nur noch der ungekrönte König, der Erzbischof von Canterbury (Justin Welby) und der „himmlische König der Könige“ sollten hierbei anwesend sein (George VI. glaubte ernsthaft bei seiner Krönung 1937, den Hauch Gottes spüren zu können). **Justin Welby** nahm die feierliche Salbung hinter den Sichtschutzwänden vor, indem er das Haupt, die Brust und die Hände des Königs mit dem geweihten Olivenöl aus Jerusalem einrieb. Charles III. stieg jetzt vom König von Erstgeburts Gnaden zum **„anointed King“ von Gottes Gnaden** auf. Durch diese, einer Priesterweihe ähnlichen Zeremonie, unterschied sich der gottbegnadete (für einige Zeloten sogar gottähnliche) König von dem Normalbürger. *„Noch 1964“*, so schreibt Jeremy Paxman („On Royalty“, London, 2006), *„glaubten noch 30 % der Bevölkerung (vielleicht auch Queen Elizabeth II. selbst), dass die 1953 gesalbte Königin von Gott auserwählt worden sei“.*

Erst nachdem Charles III. den Krönungsstuhl verlassen und wieder für die Gemeinde sichtbar auf dem Thronsessel Platz genommen hatte, erfolgte die Investitur mit der **„goldenen Robe“**, das einem byzantinischen Priestergewand ähnelte. Erst jetzt nach der Salbung begann pünktlich um **12.00 Uhr** (GMT) die **feierliche Krö-**

nung von Charles III. durch den Erzbischof von Canterbury. Justin Welby setzte die 2,23 Kilogramm schwere, mit Edelsteinen geschmückte **St. Edward`s Crown** (Kopie von 1661) vorsichtig dem Gesalbten auf das Haupt. Der Jubel in der Westminster Abbey und

Ein Rückblick: 70 Jahre vor der Krönung von Prince Charles zu König Charles III. wurde seine Mutter zur Königin Elizabeth II. mit der gleichen Zeremonie im Jahre 1953 gekrönt (Foto: Cecil Beaton).

dank der weltweiten Fernsehübertragung im Vereinten Königreich und den 56 Commonwealth-Staaten war unbeschreiblich. Früher war es üblich gewesen, dass die in der Abtei anwesende Geistlichkeit (1. Stand) und der Adel (2. Stand) dem neu gekrönten König per „**Akklamation**" huldigten, d. h. die Treue schwörten. Jetzt führte **Welby** einige Neuerungen ein. Als Einziger **gelobte** er im Namen der Geistlichkeit **dem König die Treue (oath of allegiance).** Als Einziger im Namen des Adels fiel William, der Prince of Wales, vor seinem Vater auf die Knie und gelobte, ihm als **Lehnsmann** (liege) **mit Leib und Seele zu dienen**.

Der Erzbischof **erntete viel Kritik, weil er auch das Volk in die Huldigung (homage of the people) einbeziehen wollte.** Die nachträgliche Zustimmung des Volkes sollte einem nicht vom Volk gewählten Monarchen eine demokratische Legitimation verleihen. Welby war wirklich überzeugt, dass die Untertanen an den Fernsehschirmen vom Sofa aufstehen, dem König zuprosten und ihm die Treue schwören. Der Erzbischof von Canterbury verlas in der Abbey folgenden **Treueid:** ***„All who so desire in the Abbey and elsewhere say together: I swear that I will pay true allegiance to Your Majesty and to your heirs and successors according to the law. So help me God!" („Alle die es wünschen, in der Abtei und anderswo, sagen zusammen: Ich schwöre Ihrer Majestät wahre Treue sowie Ihren Erben und Nachfolgern gemäß dem Gesetz. So wahr mir Gott helfe!")***

Diese Aufforderung an das Volk, dem Monarchen per Akklamation auch im privaten Bereich zu huldigen und den Treueeid zu leisten, wurde von den Republikanerrn als „Diktat" aufgefasst, als ein Muss, das typisch für autokratische Staaten wie Nordkorea oder China sei. Der Erzbischof von Canterbury und der Londoner Bischof im Lambeth Palace aber betonten, dass die ***„homage of the people" („Hommage bzw. Huldigung des Volkes für den König")*** lediglich eine Einladung bzw. Empfehlung und nicht eine Verpflichtung sei.

Auch **Camilla** als **Queen Consort** (Königsgemahlin) wurde jetzt zur **Queen Camilla** gekrönt. Der Erzbischof von Canterbury setzte ihr die 590 Gramm wiegende, silberne **Queen Mary`s Crown** von 1911 mit 2200 Diamanten aufs Haupt. Obgleich sie von Prince

Harry in seinen Memoiren als Intrigantin verleumdet wurde, gab es in der Bevölkerung keinen Widerstand mehr wie 1997 unmittelbar nach dem Tod von Prinzessin Diana. Sie war inzwischen an mehr als 100 Wohlfahrtsorganisationen beteiligt, und durch ihre bescheidene, bodenständige, ruhige Art übte sie einen überaus positiven Einfluss auf Charles aus. In ihrer unverbrüchlichen Liebe zueinander ergänzten sich Camilla und Charles großartig.

Gegen dem Ende der Krönungszeremonie durfte Charles III. die schwere **St. Edward`s Crown**, die traditionsgemäß nur einmal im Leben eines britischen Monarchen getragen wird, wieder absetzen und stattdessen die bequemere, nur 1,06 Kilogramm wiegende **Imperial State Crown** tragen, die 1937 für George VI. angefertigt worden war. In Zukunft musste der König die Imperial Crown, die das Britische Empire und das nachfolgende Commonwealth symbolisierte, alljährlich zur Eröffnung des Parlaments im Oberhaus aufsetzen und die vom Premierminister ausgearbeitete „King`s Speech" vortragen. Der König gehörte ja zum Parlament. Er war König von Parlaments Gnaden, für die Bischöfe aber auch König von Gottes Gnaden. Er war für die Geistlichkeit **„The King in Parliament under God"**. Am Ende der Krönungszeremonie legte Charles III. die **Königsrobe von George VI.** an, mit der langen Schleppe, die von vier Pagen, darunter auch dem Enkelsohn George, hinterhergetragen wurde.

Um 13.00 Uhr (GMT) war die Krönungszeremonie beendet. Mit feierlichen Hymnen („Praise my Soul, the King of Heaven"; „The King shall rejoice"; „God save the King") wurde das Königspaar hinausgeleitet. Charles & Camilla bestiegen die unbequeme, tonnenschwere, sieben Meter lange und von acht Pferden gezogene **Goldene Staatskutsche** (von 1831) und fuhren im Schritttempo denselben Weg wieder zurück zum Buckingham Palace. **Princess Anne** ritt auf dem Pferd hinterher. **William, Kate, George, Charlotte und Louis** folgten in einer leichten Kutsche. 4000 Soldaten aller Truppengattungen in Paradeuniform und 19 Musikkapellen begleiteten das Königspaar. Auf dem berühmten Balkon von Buckingham Palace verabschiedeten sich Charles & Camilla von den jubelnden Menschen. Nicht nur Prince William, Kate, George, Charlotte und Louis winkten den Menschen zu, auch die Schwester Ca-

Nach dem Ende der Krönungszeremonie fuhr das neue Königspaar in der von acht Pferden gezogenen Goldenen Staatskutsche zurück zum Buckingham Palace (Foto: Katie Chan).

Auf dem berühmten Balkon des Buckingham Palace verabschiedeten sich Charles & Camilla von den jubelnden Menschen (Foto: Department of Culture, Media und Sport, Isaac Mayne).

milla's und Camilla's Enkelkinder aus ihrer ersten Ehe. **Es fehlten Prince Andrew**, seine **Töchter Beatrice und Eugenie** sowie der abtrünnige Prince **Harry, Meghan, Archie und Lilibet**. Wegen des schlechten Wetters konnten nur 25 von 60 geplanten Jets der Red Arrows in dem „flypast" den Buckingham Palace überfliegen.

Am Sonntag, den **7. Mai**, fanden bei gutem Wetter überall im Land Jubelfeiern, Straßenfeste und **„Coronation Lunch Parties"**

Am Tag nach der Krönungszeremonie, dem 7. Mai, fanden bei gutem Wetter Jubelfeiern, Straßenfeste und die traditionellen „Coronation Lunch Parties" statt (Foto: Chiral Jon).

statt. Rishi Sunak hatte in der festlich geschmückten Downing Street zu einem Lunch-Krönungsessen an zwei langen Tafeln eingeladen, an dem auch die First Lady der USA teilnahm. Joe Biden hatte abgesagt. Er hatte einige Wochen zuvor die Verwandten seiner Vorfahren in Irland besucht. Bei dem Coronation Lunch in Downing Street hielt Sunak eine Tischrede. Er betonte, dass kein Land auf der ganzen Erde solch ein buntes Krönungsschauspiel mit Prunk, festlichen Prozessionen, historischen Zeremonien und fröhlichen Straßenfesten überbieten könne.

Rishi Sunak hatte Recht. Am Abend fand in **Windsor Castle** ein **Festkonzert** mit 20.000 Besuchern statt. Es war eine bunte Mischung aus Pop-, Unterhaltungs- und klassischer Musik, die Prince William, der zukünftige König, moderierte.

Montag, der 8. Mai, war ein arbeitsfreier **Feiertag**, an dem sich ehrenamtliche Wohltätigkeitsaktivisten nach dem Motto **„The Big Help Out“** betätigen konnten. Einige Strandspaziergänger z. B. halfen dabei, den vom Meer angespülten Plastikmüll einzusammeln. Als Prince of Wales hatte sich Charles III. ja dafür eingesetzt, die Verschmutzung der Weltmeere durch Plastikrückstände einzudämmen.

Die Krönungsfeierlichkeiten hatten zweifellos die Popularität des Königs und der Königin erhöht. Charles III. war sich bewusst, dass in den sozialen Medien eine neue, junge Generation herangewachsen war, die dem royalen Prunk skeptisch gegenüberstand, da der **Reichtum der Krone zum Teil auf kolonialer Ausbeutung und Sklaverei** beruhte. Der neue König setzte deshalb auch eine Stiftung in Gang, die das koloniale Erbe und die Sklaverei wissenschaftlich kritisch untersuchen sollte. Einige indigene Gruppen in Australien und Kanada hatten sich bereits vor der Krönung an Charles III. gewandt und gefordert, die Krone müsse sich wegen der Ausbeutung der eingeborenen Völker im Britischen Empire entschuldigen. 14 der 56 Commonwealth-Staaten erkennen den britischen König (besonders Queen Elizabeth II.) als repräsentatives Staatsoberhaupt an. Charles III. ist sich sicher, dass sich nach dem Tod von Elizabeth II. einige weitere Staaten zur Republik erklärten oder vielleicht sogar aus dem **Commonwealth austreten** wollten. Dazu gehörte u. a. auch **Jamaika**.

Der im Alter von 74 Jahren gesalbte und gekrönte Monarch ist sich im Klaren, dass er als konstitutioneller Bestandteil des Parlaments (The King in Parliament) ein Herrscher von „Volkes Gnaden“ bzw. „Parlaments Gnaden“ und im aufgeklärten 21. Jahrhundert kein „anointed King by Grace of God“ mehr sein könne. Wenn auch im Namen der Krone Gesetze erlassen und implementiert werden, wenn Gerichtsurteile im Namen des Königs gesprochen werden, wenn Kriege im Namen der Krone geführt werden (z. B. von der Royal Navy, Royal Air Force), wenn es in London z. B. die Royal Academy of Arts, die Royal Albert Hall, das Royal College of Physicians, die Royal Courts of Justice, die Royal Exchange (Börse), die Royal Festival Hall, das Royal Opera House etc. gibt, so bedeutet das lediglich, dass das Vereinigte Königreich eine parlamentarische Monarchie ist, die durch die Krone zusammengehalten wird. Das Wort **„royal“** soll in diesem Fall anders als in Deutschland den Nationalstolz bzw. das Zusammengehörigkeitsgefühl in einer heterogen zusammengesetzten Gesellschaft erhöhen, in der ein Monarch zwar nicht politisch, aber gesellschaftlich an der Spitze steht. Im Gegensatz zu einem demokratisch gewählten Präsidenten einer Republik, ist die politisch „beschränkte“, aber gesellschaftlich bedeutende Monarchie (limited parliamentary monarchy) eine neutrale, auf Tradition beruhende Dauerinstitution, die in Notzeiten und parteipolitischen Auseinandersetzungen für **Ruhe, Kontinuität und Zusammenhalt des Vereinten Königreichs** (und Commonwealth) sorgen soll.

Als neuer König darf sich der politisch engagierte Charles III. in der Öffentlichkeit nicht in politische Streitfragen einmischen. Ein Royal muss seine politische Meinung für sich behalten. Trotzdem hat der König, wie erwähnt, bei den wöchentlichen, privat abgehaltenen Unterredungen mit dem Premierminister Gelegenheit, ihn im Vier-Augen-Gespräch vor politischen Fehlentwicklungen zu warnen. Die Gespräche sind streng geheim und vor der Boulevardpresse absolut sicher.

Andererseits kann ein über die Borniertheit der eigenen Hinterbänkler genervter Regierungschef hier auch einmal tüchtig „Dampf ablassen“, ohne sofort in die Schlagzeilen der Boulevardpresse zu gelangen.

10. Kapitel
Die ersten beiden erfolgreichen Jahre nach der Thronbesteigung und Krönung

Während sich etliche Hundebesitzer mit ihren **Corgis** aus allen Landesteilen in Erinnerung an die vor einem Jahr verstorbene Königin Elizabeth II. vor dem Buckinghampalast versammelt hatten und immer noch „God save the Queen“ anstimmten, erholten sich Charles und Camilla am **8. September 2023** auf dem **Schloss Balmoral** in Schottland. Die beiden Mittsiebziger hatten im letzten Jahr ausser dem Staatsbesuch in Deutschland ein anstrengendes Reiseprogramm in alle Winkel des eigenen Landes **mit weit über 500 öffentlichen Terminen** und Antrittsbesuchen hinter sich, und der dreitägige Staatsbesuch in Frankreich stand zwei Wochen später, eben-

Balmoral Castle war schon für Queen Victoria das Lieblingsschloss, vor allem nach dem Tode von Prince Albert. Auch die heutigen Royals nutzen das schottische Schloss gern als Aufenthalt im Sommerurlaub (Foto: Eckehard Korthals).

falls im September, noch bevor. Camilla und Charles waren keine Corgi-Fans, aber ebenso wie Queen Elizabeth große Hunde- und Pferdeliebhaber. Camilla hatte Charles ja beim Polo kennengelernt. Sie liebte ihre **Jack Russell Terrier** Beth und Bluebell so inniglich, dass diese sogar auf ihrem Krönungsornat abgebildet worden waren. Charles III. sorgte dafür, dass die letzten Corgis der Queen, Prince Andrew und seiner Ex-Frau Fergie in Windsor überlassen wurden.

Emma, das Lieblingsponny der verstorbenen Queen, wurde auf Veranlassung des Königs im **Königlichen Marstall (Royal Mews)** neben dem Buckingham Palace untergebracht, um dort den Lebensabend zu verbringen. Das Pferd hatte im September 2022 beim Trauerzug mit dem Sarg der Queen am Straßenrand von Windsor gestanden mit dem Kopftuch der Verstorbenen auf ihrem Sattel.

Die ersten beiden Jahre nach der Thronbesteigung von Charles III. waren sehr erfolgreich.

Der **75. Geburtstag von Queen Camilla am 17. Juli 2023** wurde in aller Stille privat gefeiert. Der Geburtstag des neuen Königs am **14. November** (geb. 1948) lag witterungsmäßig noch ungünstiger als der von Queen Elizabeth II. am **21. April** (geb. 1926). Die Gratulationsparade der Regimenter wurde deshalb auf den ersten bzw. zweiten Samstag im Juni verlegt. **Der vorgezogene offizielle 75. Geburtstag von Charles III. fand deshalb schon am 17. Juni 2023 statt**, als die Regimenter auf dem Exerzier- und Paradeplatz „**Horse Guards Parade**“ aufmarschierten, um dem König mit den Blasmusikklängen „God save the King“ zu gratulieren. Diese Gratulationsparade wird traditionsgemäß „**Trooping The Colour**“ (Fahnenparade) genannt.

„Colour“ (eigtl. „colours“ im Plural) bedeutet soviel wie die **„bunten Fahnen“** der verschiedenen Regimenter, die hier aufmarschieren (trooping). „Trooping The Colour“ auf dem Paradeplatz „Horse Guards Parade“ ist eines der spektakulärsten Ereignisse von London, musste aber wegen der Corona-Pandemie ein Jahr zuvor ausfallen. Früher hatte die gute Reiterin Elizabeth II. hoch zu Ross die Regimenter an sich vorbeidefilieren lassen, im hohen Alter aber konnte sie die Gratulationsparade an ihrem offiziellen Geburtstag nur noch von einer offenen Kalesche aus empfangen.

Die Prachtstraße „The Mall“ in London bei der Parade „Trooping the Colour“ im Jahre 2018 (Foto: Cpl Stephen Harvey).

Charles III. war an seinem offiziellen Geburtstag, dem 17. Juni 2023, hoch zu Ross mit einer Bärenfellmütze der **Ehrentitel „Colonel“ (Oberst) aller Regimenter** verliehen worden. **William**, der neue Prince of Wales, fungierte jetzt als Colonel der Welsh Guards (vorher sein Vater), **Kate** als Colonel der Irish Guards (vorher William`s Ehrentitel), **Princess Anne** (72) als Colonel der Blue and Royals, **Prince Edward** (59), der neue Duke of Edinburgh, als Colonel der Scots Guards (vor 2021 Ehrentitel seines Vaters), **Queen Camilla** als Colonel der Grenadier Guards (anstelle des in Ungnade gefallenen Prince Andrew, dem alle Ehrentitel aberkannt worden waren).

„Trooping The Colour“ geht auf **Charles II. (reg. 1660-1683)** zurück, dessen zahlreiche Mätressen dem Spektakel zugeschaut haben. Die königliche Kutsche mit der angeblich darin sitzenden katholischen Lieblingsmätresse des lustigen Monarchen, **Lady Castlemaine**, sollte angehalten und von dem antipapistischen Mob umgestürzt werden. Darin saß aber die protestantische Mätresse **Nell Gwynn** (Aufstieg vom Straßenmädchen zu einer durchaus angesehenen Schauspielerin). Sie rief dem antikatholischen Pöbel zu: *„Stop that nonsense. I am the Protestant whore of the King!“ („Stoppt den Unsinn. Ich bin die protestantische Hure des Königs.“)*

Nell Gwyn war die protestantische Mätresse von Charles II., die sich vom Straßenmädchen zu einer angesehenen Schauspielerin hochgearbeitet hatte. Gemälde von Peter Lely (Quelle: Wikipedia).

Das konnte Camilla nicht passieren. Charles III. war der erste König, der seine Mätresse geheiratet hatte, im Gegensatz etwa zu Edward VII. (reg. 1901-1910), dessen Mätresse Alice Keppel Camilla's Urgroßmutter war. Als Queen Camilla in der Kutsche die Prachtstraße „The Mall" entlang zum Paradeplatz der „Horse Guards Parade" fuhr, wurde sie ebenso wie Charles III. (hoch zu Ross) von den Zuschauern begeistert empfangen. Das wäre 1997 nach dem Tode von Princess Diana noch völlig unmöglich gewesen.

Charles III. konnte ein Jahr nach der Thronbesteigung wirklich zufrieden sein. Auf der Beliebtheitsskala der Royals lag er mit **60 % Zustimmung an vierter Stelle**. **William** nahm mit **74 %** den ersten, **Kate** mit **73 %** den zweiten und **Princess Anne** mit **72 %** den dritten Platz ein.

Andrew, Harry und Meghan gehörten nicht mehr zu den Royals. Der abtrünnige **Harry** feierte seinen **39. Geburtstag am 15. September 2023 in Düsseldorf**, wohin ihm Meghan, von Kalifornien kommend, folgte. Sie hatte die gemeinsamen Kinder Archie und Lilibet in Amerika zurückgelassen. Harry hatte am 9. September abends die „Invictus Games" (Weltspiele von 500 Kriegsversehrten aus 21 Ländern) sogar auf Deutsch eröffnet: „ *[...] Herzlich willkommen zu den ‚Invictus Games' 2023 hier in Düsseldorf [...] Ich bin ein Düsseldorfer!"* Harry und Meghan wurden von den 20.000 Zuschauern begeistert empfangen.

Charles III. tat es leid, dass er seine Enkelkinder **Archie** und **Lilibet** nicht mehr sehen konnte. Aber er erfreute sich an seinen Enkelkindern **George, Charlotte und Louis**. **George**, der am 22. Juli 2023 seinen 10. Geburtstag feierte, war jetzt in der **Thronfolge** nach William zur **Nummer 2** aufgestiegen.

Die Auslandsaufenthalte in Deutschland und Frankreich hatten gezeigt, dass Charles III. im Grunde genommen **gegen den Brexit** war. Es ging nicht nur darum, das Vereinigte Königreich, sondern auch das **British Commonwealth**, das aus dem ehemaligen Kolonialreich hervorgegangen war, zusammenzuhalten. Die Kritik an der Ausbeutung der ehemaligen Kolonien und dem Raub kolonialer Kunstschätze wurde immer lauter. Schon seit langem standen Kenia, Australien, Kanada etc. auf dem Reiseplan von Charles III. und Queen Camilla. Diese strapaziösen Staatsbesuche wären einem jüngeren König wie z. B. Prince William (41) leichter gefallen.

Obgleich Buckingham Palace gerade für 365 Millionen Pfund bis **2027** renoviert werden sollte, dachten Charles und Camilla noch nicht daran, ihren Wohnsitz **Clarence House** zu verlassen. **Buckingham Palace** blieb weiterhin der **offizielle Amtssitz des Königs**. Allerdings legt Charles III. Wert darauf, dass der riesige Garten hinter den Palace nach ökologischen Gesichtspunkten bewirtschaftet werden soll. Ungemähte Blühwiesen, ungeordnete Reisighaufen, Dunghaufen, Holzstapel mit vermorschten Baumstümpfen (stumpery) sollen Insekten und Käfer anlocken. Im Garten soll es mindestens 350 Wildblumenarten und 30 verschiedene Vogelarten geben. Vier Bienenstöcke liefern Honig; im Clarence House gab es bereits zwei Bienenstöcke, um die Royals mitten in London wie im

Der 17 Hektar große Garten hinter dem Buckingham Palace soll Charles III. zufolge nach ökologischen Gesichtspunkten bewirtschaftet werden (Foto / Luftaufnahme: Brendan und Ruth McCartney).

Szene am kleinen naturbelassenen See im Garten des Buckingham Palace. (Foto: amandabhslater).

Mustergut Highgrove mit Honig zu versorgen. Für die drei Gartenpartys mit bis zu 2000 Gästen ist auf den kurzgeschorenen Rasenflächen immer noch genügend Platz. Als Prince Philip noch lebte, wollte er den von John Nash im frühen 18. Jahrhundert angelegten Garten mit kurzgeschorenen Rasenflächen erhalten, den Wildwuchs aber beseitigen und die unordentlichen Reisig- und Dunghaufen, die hässlichen Holzstapel einfach anzünden und verbrennen. **„Busy Lizzie“** („Fleißiges Lieschen“ = Name einer Blume - scherzhaft für Elizabeth II.) aber gebot ihrem Gemahl Einhalt. Auf Empfehlung von ihrem Sohn Charles, dem Öko-Prinzen von Highgrove, engagierte sie 2011 einen Öko-Gärtner und beauftragte ihn damit, dem Herzog von Edinburgh notfalls die Streichhölzer wegzunehmen („Daily Mail“, 8.2.2011).

Wie unterschiedlich die beiden repräsentativen Staatsoberhäupter der Bundesrepublik Deutschland und des Vereinigten Königreiches auf den Überfall der Hamas-Terroristen am **7. Oktober 2023** auf Israel reagierten, macht deutlich, dass der deutsche Bundespräsident mehr politische Machtbefugnisse zu haben scheint als der britische König. Während der Bundespräsident Frank-Walter Steinmeier sofort persönlich den Terroranschlag auf das Schärfste verurteilte, hielt sich Charles III. zunächst noch einige Tage zurück. Die Verurteilung der Hamas erfolgte nicht persönlich, sondern durch sein Sekretariat im Buckingham Palace, u. a. auf Druck von aufgebrachten jüdischen Bürgern in London. Steinmeier betonte, dass die pro-palästinensischen Protestaktionen in Berlin mit antisemitischen Parolen beschämend für ein Land seien, das den Holocaust auf dem Gewissen habe. Als Hauptredner nahm der Bundespräsident an einer pro-israelischen Sympathiekundgebung teil. Eine Rede vor einer der vielen pro-palästinensischen oder pro-israelitischen Demonstrationen in London hätte Charles III. vielleicht sogar den Thron kosten können. Er verstand sich ja aber sowieso als „Verteidiger aller Glaubensrichtungen“, nicht nur der Juden, sondern auch der Muslime in London mit arabisch-palästinensischen Wurzeln. Er hatte seit jeher zu den Islam-Verbänden ein gutes Verhältnis.

In Großbritannien gibt es keine geschriebene Verfassung, lediglich das traditionelle Gewohnheitsrecht. Bei der feierlichen pompösen **„King`s Speech“** am 11. November 2023 im Oberhaus des Parlaments durfte Charles III. das von Premierminister Rishi Sunak und seinem Kabinett ausgearbeitete Regierungsprogramm vorlesen. Er musste sich aber an die vorgegebenen Richtlinien der Politik halten, auch wenn er z. B. in der Ruanda-Politik (Ausweisung der illegalen Asylanten und Bootsflüchtlinge) ganz anderer Meinung war. Während der „King`s Speech“ durfte **Queen Camilla** auf dem Thronsessel neben ihm Platz nehmen und Charles III. musste die **Imperial State Crown** aufsetzen, die die Macht des ehemaligen Britischen Empire und Commonwealth symbolisieren sollte.

Charles und Camilla besuchten Ende Oktober / Anfang November als erstes Commonwealth-Land die **Republik Kenia**, die ihre 60-jährige Unabhängigkeitserklärung von England feierte. Charles III. hielt auch hier eine Rede, die von der Regierung Rishi Sunaks genehmigt worden war. Der britische König bedauerte zwar die Gräueltaten der Engländer während der Mau-Mau-Unruhen in den fünfziger Jahren des 20. Jahrhunderts, eine offizielle Entschuldigung sprach er aber nicht aus. Das deutsche Staatsoberhaupt Frank-Walter Steinmeier dagegen bat die Regierung in Uganda fast kniefällig um Verzeihung für die Verbrechen der deutschen Kolonialmacht während des Maji-Maji-Aufstandes am Anfang des 20. Jahrhunderts.

Da Charles III. nominell auch der oberste Kriegsherr war, galt der **Remembrance Sunday am 12. November 2023** auch als eines der wichtigsten Termine im Jahreskalender des pflichtbewussten Monarchen. Dieser Volkstrauertag erinnert, wie bereits erwähnt, an die gefallenen Soldaten der beiden Weltkriege. Die Gedenkfeier beginnt alljährlich um 11 Uhr vormittags (GMT) mit einer landesweit **„zweiminütigen Stille“ („two-minute silence“** - jeweils eine Schweigeminute für den Ersten und den Zweiten Weltkrieg). Dann folgt eine kurze Andacht und die Kranzniederlegung vor dem **Cenotaph** in Whitehall. Dieser ist ein **Kriegerdenkmal**, das 1920 errichtet wurde, um an den Waffenstillstand am **11. November 1918** zu erinnern, der als **Armistice Day** in die britische Geschichte einging. Der Remembrance Sunday ist der Sonntag, der zeitlich diesem Datum am nächsten kommt. Das war anno 2023 der **12. November**. Dieser Volkstrauertag wird auch **Poppy-Day** genannt, nach

Kranzniederlegung am Remembrance Sunday, dem Volkstrauertag für die gefallenen Soldaten der beiden Weltkriege, am Londoner Cenotaph im Jahre 2010 (Foto: Sgt. Dan harmer, RLC).

den Mohnblumen, die blühten, als die jungen Soldaten des Ersten Weltkriegs in Flandern ihr Leben opferten. Jeder nationalbewusste Brite oder jede Britin heftet sich deshalb im November eine künstliche Mohnblume ans Revers.

Am 12. November 2023 nahmen außer dem König, dem Premier Rishi Sunak und den Oppositionsführer Keir Starmer alle noch lebenden Ex-Regierungschefs an der Gedenkfeier teil: John Major, Tony Blair, Gordon Brown, David Cameron, Theresa May, Boris Johnson und Liz Truss. Von den Royals fehlte Prince Harry, der ja als Soldat in Afghanistan im Einsatz gewesen war.

Charles III. legte als oberster Kriegsherr in der Uniform eines Luftwaffenmarschalls als Erster einen aus künstlichen Mohnblumen geflochtenen Kranz am Cenotaph nieder. Queen Camilla und Princess Kate nahmen vom Balkon des gegenüberliegenden Außenministeriums aus in Trauerkleidung an der Gedenkfeier teil.

Aber welch ein Treppenwitz der Geschichte! Der Hausherr im Foreign Office war am 12. November noch **James Cleverly**, am nächsten Tag bereits der ehemalige Ex-Premier **David Cameron**, der sich bei der Gedenkfeier nichts anmerken ließ. Da Cameron nicht mehr im Parlament vertreten war, musste er, um Außenminister zu werden, noch schnell zum Lord im Oberhaus ernannt werden. Welch ein Schock für die ultrarechten Tory-Brexiteers Boris Johnson, Michael Gove, Jacob Rees-Mogg. David Cameron, der das Brexit-Referendum 2016 initiiert hatte, weil er felsenfest davon überzeugt war, dass es scheitern würde, war ein entschiedener **„Remainer“**, ein **Brexit-Gegner**, der z. B. auch gegen die Loslösung Schottlands von dem Vereinigten Königreich war. Er war überglücklich, als das Unabhängigkeitsreferendum 2014 scheiterte, ebenso wie die Queen, die, wie er sagte, *„zufrieden schnurrte wie eine Katze“ („purred like a cat“).* Dieselbe aber war nicht „amused“, dass Cameron ihre allwöchentlichen, nicht öffentlichen Privatgespräche missbraucht hatte. Als Königin musste sie ihre Meinung für sich behalten. Sie soll gesagt haben, Cameron verdiene *„six of the best“ („sechs ordentliche Stockhiebe auf den Hintern“).* Rishi Sunak wollte mit der Ernennung von Lord Cameron zum Außenminister dem Oppositionsführer Keir Starmer den Wind aus den Segeln nehmen. Der Labourvorsitzende hatte im Vorfeld der General Election 2024 für eine Annäherung an die EU plädiert. Die rechtsradikale Innenministerin Suella Braverman wurde entlassen und durch den gemässigteren James Cleverly ersetzt.

Zum **75. Geburtstag des Königs am 14. November 2023** kam eine neue Gedenkmünze heraus, ebenso **das offizielle Schwarz-weiß-Portrait des Monarchen**, das der **Starfotograf Ch. Rankin** aufgenommen hatte, ohne die Falten im Gesicht von Charles III. zu retuschieren. Wenn einige zelotische Monarchisten hofften, dass der 75. Geburtstag doch noch durch eine weitere Truppenparade gefeiert werden könnte, so wurden sie enttäuscht. Der 14. November war ein ganz normaler Arbeitstag für den König, an dem er sein **„Coronation Food Project“** in Angriff nahm. Es ging dabei um die **Vermeidung von Lebensmittelverschwendung**. 120 Millionen Tonnen von noch essbaren Nahrungsmitteln landeten jährlich in England auf dem Müll. Charles und Camilla reisten zu einer Konferenz mit Vertretern von Supermarktketten, Verbrauchern und Wohlfahrtsorganisationen nach **Didcot**, dem Zentrum der „South Oxfordshire Food & Education Alliance“. Es ging darum, die Wegwerfgesellschaft für den Erhalt von noch essbaren Nahrungsmitteln zu sensibilisieren. Charles III. setzte sich für einen Hilfsfonds ein, um Lebensmittel durch die Anschaffung von Kühltransportern, Kühlhäusern, Gefriertruhen und Kühlschränken vor dem Verderb zu schützen und kostenlos an Bedürftige zu verteilen (in sog. „food banks“ - in Deutschland = Tafeln).

Am Abend des 14. November fand noch eine **Geburtstagsfeier** im kleinen privaten Familienkreis statt. **Harry und Meghan** waren nicht eingeladen. Sie telefonierten aber mit Charles und übersandten aus Kalifornien ein **Video**, in dem sie zusammen mit Archie (4 Jahre) und Lilibet (2 Jahre) „Happy Birthday“ anstimmten. Die Boulevardblätter bezweifelten, ob das die große Wende in den angespannten Beziehungen zwischen den Sussexes in Kalifornien und den Royals in England sei. Nach „Finding Freedom“ war gerade ein weiteres Buch des britisch-amerikanischen Fernsehjournalisten **Omid Scobie** erschienen, nämlich **„Endgame. Inside the Royal Family and the monarchy`s fight for survival“ („Endspiel. Innerhalb der Königlichen Familie und dem Überlebenskampf der Monarchie“).** In der holländischen Ausgabe des Buches waren **Charles III.** und **Princess Kate** bezichtigt worden, die noch mit Archie schwangere Meghan spöttisch auf rassistische Weise gefragt zu haben, welche Hautfarbe wohl ihr zukünftiges Baby haben werde. Der in Kalifornien lebende Brite Scobie behauptete, die Namen von Charles und Kate hätten nicht in seinem englischen Manuskript gestanden und die holländischen Übersetzer konnten sich das auch nicht erklären. Auf jeden Fall musste die erste Ausgabe des Buches

Cover des Skandal-Buches „Endgame“ (Foto: Sammlung Buchverlag König).

in den Niederlanden sofort zurückgezogen werden. Charles III., der für seine anti-rassistische, multikulturelle Haltung bekannt ist, konnte diese Äußerung Meghan gegenüber nie getan haben. Das könnte eher Prince William gewesen sein, der seinen Bruder einen **„verräterischen, abtrünnigen Überläufer"** („defector") nennt, der die britische Monarchie schwächen wolle. Aber dass diese britische Monarchie um ihr Überleben kämpft, wie Scobie meint, ist wohl nur eine Behauptung, um den Verkauf des Buches zu fördern.

Nach dem Skandal um Harry`s Autobiographie „Save" („Reserve") im Januar 2023 und Scobie`s umstrittenes Buch „Endgame" im November schien eine Aussöhnung zwischen den Sussexes in Kalifornien und den Royals in England noch vorläufig völlig unmöglich. Charles III. konnte Harry und seine Familie nicht zu Weihnachten nach **Sundringham** einladen, weil sich die beiden Brüder erneut in die Haare bekommen hätten.

Um so erfolgreicher war Charles III. bei der Ausübung seiner königlichen Pflichten im öffentlichen Leben. Als gesellschaftlich, wenn auch nicht machtpolitisch, ranghöchster, weltweit anerkannter Klimaaktivist durfte er die vom **31. November bis zum 13. Dezember 2023** tagende **28. Weltklimakonferenz in Dubai mit einer seiner eindrucksvollsten Reden feierlich eröffnen**. Er warnte davor, dass das Weltklima längst aus dem Ruder gelaufen sei *(„the world is off-track on climate")* und die alarmierenden Weltklima-Kipp-Punkte *(„alarming tipping points on climate")* längst überschritten seien. *„Unsere Enkel werden 2050 nicht fragen, was wir gesagt, sondern was wir getan haben"*, so Charles III. - Rishi Sunak`s Rede auf dem Klimagipfel war dagegen parteipolitisch ausgerichtet. Er warnte nicht, sondern rühmte das Vereinigte Königreich als Vorreiter im Klimaschutz, weil es die Dekarbonisierung um 50 % vorangetrieben habe.

Die Rede von Charles III. hatte bewirkt, dass sich einige Staaten, darunter Deutschland, spontan bereit erklärten, den vom Klimawandel betroffenen ärmeren Ländern durch die Einzahlung in einen Hilfsfonds, der ständig aufgestockt werden sollte, zu unterstützen. Leider endete die Weltklimakonferenz lediglich mit einer unverbindlichen Absichtserklärung für die schrittweise Abkehr von fossilen Energieträgern (bis 2050 ?).

Kurz vor **Weihnachten 2023** musste Charles III. aus seinem Stiftungsvermögen für alternative Medizin 110.000 Pfund an Indien zurückzahlen. Als Prince of Wales hatte er 2018 mit dem indischen Premierminister Modi vereinbart, dass man mit finanzieller Hilfe des indischen Gesundheitsministeriums eine indische Klinik nach alternativen, altindischen Heilmethoden (Ayurveda) neben dem St. Charles Hospital in Kensington errichten wolle. Da der marode englische Nationale Gesundheitsdienst (NHS) bereits ab 2017 keine homöopatischen, nicht wissenschaftlich bewiesenen, alternativen Heilmethoden bezuschussen wollte, war das Projekt jedoch zum Scheitern verurteilt. Die indische Klinik wurde nie gebaut. Charles III. gab aber noch nicht auf. Seine Königliche Stiftung (King`s Foundation) hielt immer noch finanzielle Mittel für alternative medizinische Experimente bereit.

Kurz vor dem Weihnachtsfest wurde auch die knapp viertelstündige **Weihnachtsansprache** des Königs am **25. Dezember 2023 um 15 Uhr** (GMT) im Buckingham Palace und nicht in Sandringham oder Windsor aufgenommen. Der gekrönte und gesalbte König saß nicht auf einem Thronsessel, sondern er stand locker in einem dunklen Zivilanzug neben einer mit umweltfreundlichen Schmuck reich verzierten lebenden Tanne, die nach dem Fest wieder eingepflanzt werden und weiter wachsen konnte. In seiner Rede betonte er u. a. die Rolle der fleißigen ehrenamtlichen Helfer im Vereinigten Königreich. Die Fürsorge für andere Menschen in Not („caring for others“) sei allen Religionen gemeinsam, ebenso die Verantwortung für den Schutz unserer Erde. Charles III. vermied es, den Namen auch nur eines einzigen Politikers oder royalen Verwandten zu nennen. Auch über die Kriege in der Ukraine oder im Gaza-Streifen äußerte er sich nicht. Er hielt sich an sein Versprechen, als König nicht „too political“ zu sein und keinen persönlich zu verletzen.

Während der Weihnachtstage hielten sich Charles und Camilla mit einem Großteil der Royals in **Sandringham** auf. Die zahlreichen Zuschauer glaubten ihren Augen nicht zu trauen, als die Royals am ersten Weihnachtstag am Vormittag den Gottesdienst besuchten. Zum ersten Male seit mehr als 30 Jahren war die verfehmte, gerade vom Brustkrebs geheilte **Fergie** dabei, die sich jetzt zu-

Während der Weihnachtsfeiertage des Jahres 2023 hielten sich Charles und Camilla und weitere Royals im Sandringham House auf (Foto: John Fielding).

sammen mit Andrew in Windsor um die Corgis der verstorbenen Queen Elizabeth II. kümmerte. Man munkelte, der König habe Fergie nach Sandringham eingeladen, um dem abwesenden, abtrünnigen **Harry** und seiner Familie anzudeuten, dass es immer einen Weg zurück in den Kreis der britischen Royals gibt.

Die „Versöhnung zwischen Vater und verlorenem Sohn" schien schließlich schneller als angenommen voranzukommen. Prince Harry, der sich beklagt hatte, dass er im September 2022 nicht rechtzeitig über den Zustand seiner todkranken Großmutter informiert gewesen sei, wurde noch abends am Sonntag, den **4. Februar 2024**, von seinem Vater als einer der Ersten persönlich benachrichtigt, dass bei ihm, dem **König, Krebs im Frühstadium** (cancer caught early) diagnosiziert worden sei. Prince Harry machte sich, so schnell es möglich war, auf den Weg von Kalifornien nach England. Seit der Krönung im Mai 2023 hatte der abtrünnige Sohn seinen Vater nicht mehr persönlich gesehen. Am 7. Februar traf der Prince im Clarence House ein, und es kam zu einer fünfminütigen Aussprache zwischen Vater und Sohn. Ob das aber zur endgültigen Aussöhnung zwischen beiden geführt hatte, blieb abzuwarten. Prince Harry flog gleich am selben Tag zurück nach Amerika. Charles und Camilla begaben sich noch abends per Hubschrauber zu der königlichen Privatresidenz in Sandringham (Norfolk).

Wie war es dazu gekommen? - Charles III. hatte sich am 26. Januar 2024 in die private „London Clinic“ begeben, um sich wegen einer gutartigen Vergrößerung der Prostata (benign enlargement oft the prostate) operieren zu lassen. In dieser Privatklinik lag bereits seit einigen Tagen Kate (42), die Prinzessin von Wales. Sie hatte sich einer schwierigen „Bauchoperation“ („abdominal operation“) unterziehen müssen.

Am 29. Januar durften beide Genesenden die Klinik wieder verlassen. Im Gegensatz zu Queen Elizabeth II., die solche privaten Dinge lieber für sich behielt, ging Charles III. als volksnaher König sofort über sein Pressebüro im Buckingham Palace an die Öf-

Straßenfront der renommierten „London Clinic“, in der Charles III. und Princessin Kate operiert wurden (Foto: The Frog001).

fentlichkeit, die zunächst über seinen dreitägigen Krankenhausaufenthalt nicht sonderlich beunruhigt war. Charles erholte sich zusammen mit Camilla auf seinem privaten Landsitz in Sandringham.

Am 4. Februar schien das Königspaar noch guter Dinge zu sein, als beide den Sonntagsgottesdienst in Sandringham besuchten und auf dem Wege zur Kirche den Zuschauern wohlgemut zuwinkten. Am Abend aber gegen 18 Uhr verbreiteten die Massenmedien bereits die schockierende Nachricht, dass bei dem König nach Laboranalysen eine noch nicht näher spezifizierte Form von Krebs im Anfangsstadium festgestellt worden sei. „Buckingham Palace" gab bekannt, dass der König auf eine baldige Genesung hoffe *(„The King ist wholly positive about a speedy recovery!")* Es sei aber nicht Prostatakrebs. Die Ärzte empfahlen dem König, sich in den nächsten Monaten zu schonen und auf alle öffentlichen Termine zu verzichten. Charles III. erklärte seinen tief betroffenen „Untertanen": *„I`ve got cancer, but I`ll carry on being your King."* Er wolle weiterhin alle Amtsgeschäfte von zu Hause aus erledigen. Er werde die ihm von der Regierung und Parlament zugeleiteten „red boxes" (Staatspapiere in roten Köfferchen, Geheimdokumente wie z. B. Gesetzesvorlagen) gründlich studieren und danach die eventuell notwendige Zustimmung (Royal Assent) per Unterschrift erteilen. Auch Staatspapiere aus dem Commonwealth wolle er im „home office" (Buckingham Palace und Clarence House) bearbeiten. Ebenso wie Queen Elizabeth II. werde er die wöchentlichen Audienzen mit dem Premierminister Rishi Sunak beibehalten, deren Inhalt der absoluten Gheimhaltungspflicht unterliege.

Am Montag, dem 5. Februar, war Charles III. von Sandringham nach London zurückgekehrt und hatte sofort mit der ambulanten Krebstherapie (Strahlen- oder Chemotherapie?) begonnen. Die öffentlichen Termine sollten fortan von Queen Camilla, Kronprinz William, seiner Schwester Princess Anne sowie dem Herzogspaar von Edinburgh, Edward und Sophie, übernommen werden.

Aus allen Teilen des Vereinigten Königreichs, aus den Commonwealth-Staaten, ja aus der ganzen Welt trafen Genesungswünsche und Sympathiebezeugungen im Buckingham Palace ein. Selbst Michelle O`Neill, die katholische Premierministerin (First Minister) von Nordirland, die der republikanischen, nach der Wiedervereиnigung von ganz Irland strebenden Sinn Fein-Partei angehörte und mit den protestantischen Unionisten (DUP) eine Einheitsregierung gemäß dem Karfreitags-Abkommen von 1998 bilden musste, übermittelte ihrem britischen König die herzlichsten Genesungswünsche. Auch die eifrigsten Diana-Fans, die sich für Prince William anstatt für Charles, dem ältesten Thronfolger in der englischen Geschichte, eingesetzt hatten, hielten sich mit Häme und Spott zurück. Es gab bisher an Charles III. nach seiner Thronbesteigung vor 17 Monaten kaum etwas zu kritisieren.

Die Anhänger für einen jüngeren Thronfolger waren sich darüber im Klaren: Charles III. würde nie zugunsten von Prince William abdanken, auch wenn sich sein Gesundheitszustand verschlechtern und er weder geistig noch körperlich in der Lage sein sollte, seinen königlichen Amtspflichten nachzukommen. Er wollte wie der sympathische George III. (reg. 1760-1820) bis an sein Lebensende König bleiben. Im Notfall könnte sein Sohn **William** als **„Prince Regent“** die Regentschaft übernehmen. Aber die Briten hatten in der sogenannten „Regency-Periode“ von 1811 bis 1820 mit dem kunstsinnigen, aber verhassten sittenlosen Prinzregenten, dem späteren König George IV. (reg. 1820-1830), schlechte Erfahrungen ge-

„Monströse Kröpfe bei einem neuen Koalitionsmahl“, Karikatur von James Gillray (1787), die den späteren verhassten sittenlosen Regenten Georg IV. mit Straßenfedern geschmückt zwischen seinen Eltern zeigt (Quelle: Wikipedia).

macht. (Siehe: Eckehard Korthals: „Die Windsors. Die deutschen Wurzeln des britischen Königshauses von Georg I. bis Elizabeth II.". Buchverlag König, Greiz, 2011).

Ob aber Prince William, der am 21. Juni 2024 bereits sein 42. Lebensjahr erreicht hatte, reif genug war, für seinen kranken Vater die Regentschaft zu übernehmen, wagten einige Kritiker zu bezweifeln. Der Kronprinz hatte sich nicht an die ungeschriebenen Verhaltensregeln gehalten, die für alle Royals galten. Er hatte sich in aller Öffentlichkeit in die politische Kontroverse um die Beendigung des Gaza-Krieges zwischen Israel und der Hamas-Terrororganisation eingemischt. Er forderte einen Waffenstillstand (ceasefire) *„so bald wie möglich" („as soon as possible")*. Er sei *„sehr besorgt" („deeply concerned")*, dass *„zu viele in Gaza getötet werden" („too many killed in Gaza"*). Dass der Krieg von den Hamas-Terroristen ausgegangen war und sich noch 137 Israelis in Geiselhaft befanden, erwähnte er nicht. Wollte er mit seinem Bemerkungen den pro-palästinensischen Krakeelern auf dem Parliament Square (mit ihren antisemitischen Parolen) imponieren, die von den Israelis die sofortige Waffenruhe (ceasefire) forderten und israel-freundliche bzw. jüdische Abgeordnete nicht nur verbal bedrohten? Aus wahltaktischen Gründen (2024 finden Parlamentswahlen statt) war es am 20. Februar 2024 zu chaotischen Szenen im Unterhaus zwischen den Parteien bei einer Debatte über die Beendigung des Krieges in Gaza gekommen, die u. a. an die tumultartigen „Brexit-Schlachten" erinnerte.

Für Prince William als zukünftiger König galt in diesem Falle: „Reden ist Silber, Schweigen ist Gold" („Speech is silvern, silence is golden").

Während der Kronprinz wegen seiner einseitigen politischen Äußerungen heftig kritisiert wurde, hatte sich **Kate** nach ihrem **Krankenhausaufenthalt vom 16. bis 29. Januar 2024** völlig aus dem öffentlichen Leben zurückgezogen. **Niemand wusste, dass auch sie an Krebs erkrankt war.** Welch eine für den Fortbestand der Monarchie bedrohliche Duplizität der Fälle! Die exklusive **„London Clinic" / Marylebone** mit 56 Privatzimmern hielt sich strikt an die medizinische Schweigepflicht und gab **kein Bulletin** hinsichtlich der Krebsdiagnose heraus. „Kensington Palace" (das Londoner Pres-

Noch Monate vor ihrer schwierigen „Bauchoperation“ und der späteren Krebsdiagnose mit anschließender Chemotherapie zeigte sich Princessin Kate mit strahlendem Lächeln im Mai 2023 (Foto: Ian Jones).

sebüro des jetzt in Windsor wohnenden Thronfolgepaares mit ihren drei Kindern) gab lediglich bekannt, dass die Prinzessin von Wales erst wieder nach Ostern 2024 ihren royalen Pflichten nachkommen könne. In den sozialen Medien kursierten die wildesten Gerüchte und Verschwörungstheorien über den Gesundheitszustand von Kate (Wo versteckt sie sich? Wird sie überhaupt an „Trooping The Colour" teilnehmen können? Bricht die Royal Family auseinander?). Seit Weihnachten 2023 war sie auch nicht mehr per Videobotschaft präsent. Um zu beweisen, dass sie auf dem besten Wege der Genesung sei, veröffentlichte der Kensingtonpalast am **10. März 2024** zum **Mother`s Day** endlich ein **Foto** von der genesenden, glücklich strahlenden 42-jährigen Mutter inmitten ihrer fröhlich lachenden Kinder Louis (5), George (10) und Charlotte (8). Aber Kate hatte sich damit einen verheerenden **Fauxpas** geleistet. Die Glaubwürdigkeit und Wahrhaftigkeit der Royals wurde im Internet auf üble Weise angezweifelt. Das umstrittene **Muttertagsfoto** erwies sich nämlich als amateurhaft gemachtes, primitives **Fake**. Viele in- und ausländische Zeitungen lehnten das Bild ab. Kate musste zugeben, das Foto per Computer **„redigiert" („edited")**, d. h. digital bearbeitet und somit **manipuliert** zu haben. Auf dem Bild fehlte z. B. der Ehering am Finger der Prinzessin von Wales, und eine Hand von Charlotte schaute in unnatürlicher Weise aus der Strickjacke, um nur einige Bildfehler zu nennen. Eine zunehmende Anzahl von anti-monarchistisch eingestellten Jugendlichen Bloggern überschüttete Kate und William mit Hohn und Spott. Glücklicherweise erschien eine Woche später ein **authentisches Smartphone-Bild von Kate und William** in legerer Freizeitkleidung beim Einkauf in dem Hofladen „Windsor Farm Shop". Einer Kundin war dieser Schnappschuss rein zufällig gelungen.

Als aber drei Mitarbeiter der „London Clinic" / Marylebone versuchten, unter Umgehung des Datenschutzgesetzes von 2018 an die Krankendaten der Prinzessin von Wales heranzukommen, machte die entnervte Kate den Spekulationen im Internet nach mehr als zweimonatigen Schweigen ein Ende. (Reden war jetzt Gold - s. o.) Am Freitag, dem **22. März 2024**, erklärte **Kate** abends in einer **Videobotschaft** (auf einer Gartenbank von Adelaide Cottage / Windsor bleich mit ernster Mine sitzend), dass sie an **Krebs** erkrankt sei, sich einer **Chemotherapie** unterziehe und auf dem Wege der Besserung sei. Der Premier Rishi Sunak und der Erzbischof Justin Welby ermahnten die Bevölkerung, die Prinzessin von nun an in Ruhe zu lassen und ihre Privatsphäre zu respektieren. Aus aller Welt trafen jetzt Genesungswünsche in Windsor ein, natürlich auch aus Deutschland.

Nach ihrem „Coming-Out" lag Kate vorübergehend sogar in der Beliebtheitsskala der Royals vor William an erster Stelle, und auch König Charles hatte mit 72 % Zustimmung sogar noch um 11 % zugelegt („Daily Mail", 20.3.2024).

Im Gegensatz zu William und Kate verhielt sich der König in jeder Hinsicht vorbildlich. Er ging von vornherein offen mit seiner Krebserkrankung um, obgleich weder Charles noch Kate sagten, unter welcher Art von Tumor sie zu leiden hatten. Charles war regelmäßig per Video präsent, auch wenn ihn z. B. **Queen Camilla** auf der **Commonwealth-Konferenz am 11. März** vertreten musste. Am 20. März 2024 fand der erste königliche Besuch seit 2003 in Douglas auf der Isle of Man statt. Auch hier vertrat Queen Camilla, deren Popularität von 37 % um 9 % stieg, ihren Ehegatten, indem sie die Rede des Königs im Regionalparlament vorlas: Charles III. bedankte sich für die Genesungswünsche nach seiner Krebsdiagnose und im Nachhinein auch für die herzliche Grußbotschaft der autonomen Insel zum Platinjubiläum seiner Mutter 2022, deren Leitspruch er sich als ihr Thrronfolger zu eigen gemacht hatte: ***„I must be seen to be believed!"*** *(„Ich muss mich sehen lassen, um glaubhaft zu wirken.")* Das hatte Kate mehr als zwei Monate lang versäumt. Charles III. hielt sich jetzt als König auch an die Devise seiner geliebten Großmutter (**Queen Mum** Elizabeth): ***„Smile and wave"*** (d. h. sich sehen lassen und immer lächelnd dem Publikum zuwinken). Er war auch optimistisch, dass er den Krebs besiegen werde, weil er immer schon als Ökofreak und Bio-Bauer gesund gelebt habe, ganz im Gegensatz zu seinem Großvater George VI., der bereits 1952 im Alter von 57 Jahren an Lungenkrebs gestorben war, weil er als unverbesserlicher Kettenraucher auf dieses Suchtmittel nicht verzichten wollte. Über sein Pressebüro ließ der König verlauten, dass er zu seiner offiziellen **Geburtstagsparade** „Trooping The Colour" am **15. Juni 2024** falls nicht hoch zu Ross auf seiner schwarzen Stute „Noble“ (ein Geschenk der berittenen kanadischen Polizei) so doch zumindest in einer Kutsche dem Aufmarsch der Regimentsfahnen (colours) beiwohnen wolle. Den Worten der **Nationalhymne „God save the King! Long live our gracious King!“**, die bei der bevorstehenden Parade zum **76. Geburtstag des Königs** angestimmt werden sollte, kam nun wegen der Krebstherapie des Monarchen eine besondere Bedeutung zu.

König Charles III. mit seiner schwarzen Stute „Noble“ bei der Parade „Trooping the Colour“ im Jahre 2023 (Foto: Katie Chan).

Datenüberblick

14.11.1948: Prince Charles wird als erster Sohn von Kronprinzessin Elizabeth Windsor und dem Marineoffizier Philip Mountbatten (Battenberg) ein Jahr nach der Heirat am 20.11.1947 im Buckingham Palace geboren.

6.2.1952: Nach dem Tode von George VI. erfährt die Kronprinzessin in Kenia, dass sie jetzt als Elizabeth II. die Königin vom United Kingdom of Great Britain (England, Schottland, Wales und Nordirland) geworden ist. (The King is dead, long live the Queen!)

9.6.1953: Feierliche Krönung von Elizabeth II. in der Westminster Abbey.

1957-1962: Prince Charles besucht die Preparatory School Cheam, eine sogenannte private „Vorbereitungsgrundschule" mit Internat, auf die schon sein Vater gegangen ist.

1962-1967: Prince Charles besucht die von Kurt Hahn gegründete Gordonstoun Privatschule, die sein Vater erfolgreich absolviert hat, für Charles aber anfangs *„die Hölle"* war.

1.7.1969: Prince Charles wird von seiner Mutter, der Queen, im Caernarvon Castle zum Prince of Wales gekrönt.

1967-1969: Prince Charles studiert am Trinity College / Cambridge. Der Thronfolger ist der erste König mit einem Universitätsabschluss.

1970/71: Erste Kontakte von Charles zu seiner späteren Mätresse Camilla Shand, z. B. beim Polo in Windsor.

1973: Camilla Shand heiratet Andrew Parker-Bowles.

29.6.1981: „Traumhochzeit des 20. Jahrhunderts": Prince Charles (33) heiratet die unberührte Kindergartenhelferin Diana Spencer (20).

21.6.1982: Geburt von Prince William.

15.9.1984: Geburt von Prince Henry. (Prince Charles nimmt danach die sexuelle Beziehung zu Camilla wieder auf.)

17.12.1989: Telefongespräch über sexuelle Themen mit Camilla, das 1993 veröffentlicht wurde.

31.12.1989: Telefongespräch über sexuelle Themen von Squidgy (Tintenfischchen = Diana) mit ihrem Lover James Gilbey, das 1992 veröffentlicht wurde.

7.6.1992: Andrew Morton enthüllt im Boulevardblatt „Sun" als Vorabdruck seines Buches „Diana - Her True Story" das Ehedrama zwischen Charles und Diana.

24.8.1992: Squidgygate-Skandal: Die „Sun" veröffentlicht das aufgezeichnete Sex-Telefongespräch zwischen Diana und James Gilbey vom 31.12.1989.

2.12.1992: Premierminister John Major verkündet im Unterhaus, dass Charles und Diana in Zukunft getrennte Wege gehen werden.

10.1.1993: Camillagate-Skandal: Die australische Frauenzeitschrift „New Idea" veröffentlicht das aufgezeichnete Sex-Telefongespräch von Charles und Camilla vom 17.12.1989.

29.6.1994: Charles gibt in einem Interview mit Jonathan Dimbleby zu, den Ehebruch begangen zu haben.

20.11.1995: Panorama-Interview im „BBC" mit Diana, die Charles, den Ehebrecher, als König für ungeeignet hält.

28.8.1996: Diana und Charles lassen sich offiziell vom Divorce Court im Somerset House scheiden.

31.8.1997: Diana und ihr Lover Dodo Al Fayed sterben bei einem Verkehrsunfall im Place de l` Alma Tunnel in Paris.

6.9.1997: Staats- und Massentrauer nach dem Tod der „Königin der Herzen". (Die Popularität der britischen Monarchie ist auf einem Tiefpunkt angelangt.)

30.3.2002: Queen Mum, die Charles mehr liebte als seine Eltern, stirbt an Altersschwäche (1900-2002). Sie war das beliebteste Mitglied der Königsfamilie.

9.4.2002: Der große Trauerzug durch London mit dem Sarg von Queen Mum.

9.4.2005: Charles heiratet Camilla in Windsor.

2018: Tom Bower`s kritisches Buch über Prince Charles „Rebel Prince - The Power of Passion and Defiance of the Prince of Wales“ wird veröffentlicht.

31.3.2020: Meghan und Harry verlassen den königlichen Hof. Megxit: Sie ziehen nach Kalifornien mit ihren Kindern Archie und Libet und übernehmen keine royalen Verpflichtungen mehr.

9.4.2021: Tod von Prince Philip in Windsor, zu dem Prince Charles im Gegensatz zu Queen Mum ein zwiespältiges Verhältnis hatte.

8.9.2022: Nach dem Tode von Elizabeth II. in Balmoral wird der Prince of Wales automatisch King Charles III.

9.9.2022: Camilla wird von Charles III. zur Queen Consort und William zum Prince of Wales, Kate zur Princess of Wales ernannt.

25.10.2022: Erste politische Amtshandlung von Charles III. im Buckingham Palace: Die Premierministerin Liz Truss wird verabschiedet und Rishi Sunak zum neuen Prime Minister ernannt.

10.1.2023: Prince Harry veröffentlicht seine Autobiographie „Save“ (Reserve) mit einer fundamentalen Kritik an Charles III.

29.-31.3.2023: Erster ausländischer Staatsbesuch von Charles III. und Camilla in Deutschland, u. a. mit einer Rede vor dem Deutschen Bundestag.

6.5.2023: Feierliche Krönung von Charlcs III. und Queen Camilla in der Westminster Abbey.

17.6.2023: (Samstag) Trooping The Colour: Charles III. feiert seinen offiziellen vorgezogenen 75. Geburtstag mit der großen farbenprächtigen Fahnenparade hoch zu Ross auf dem Exerzierplatz Horse Guards Parade.

7.11.2023: King`s Speech im Oberhaus des Parlaments, zum ersten Mal wird das Regierungsprogramm von dem gekrönten, gesalbten König mit Queen Camilla an seiner Seite vorgelesen.

12.11.2023: Remembrance Sunday (Poppy Day): Volkstrauertag zur Erinnerung an die Toten im Ersten und Zweiten Weltkrieg mit Gottesdienst und Kranzniederlegung vor dem Cenotaph, dem 1920 errichteten Kriegerdenkmal in Whitehall. Charles III. legt als Erster in der Uniform eines Luftwaffenmarschalls einen aus künstlichen Mohnblumen geflochtenen Kranz nieder.

14.11.2023: Der 75. private Geburtstag ist ein normaler Arbeitstag für den König. Charles & Camilla nehmen in Didcot (Oxfordshire) an einer Kampagne zur Vermeidung von Lebensmittelverschwendung teil.

31.11.2023: Charles III. hält eine eindrucksvolle Eröffnungsrede auf der 26. Weltklimakonferenz (31.11.-13.12.2023) in Dubai.

25.12.2023: 15h (GMT): Die viertelstündige Weihnachtsansprache des Königs (The King`s Xmas Message), vorher aufgenommen im Buckingham Palace. Die Royals treffen sich ohne Harry & Meghan zum Gottesdienst in Sandringham. Die verfehmte Fergie wird nach mehr als 30 Jahren wieder in den Kreis der Royals aufgenommen.

4.2.2024: Krebsdiagnose des Königs Charles III.

22.3.2024: Nach zweimonatigem Schweigen gibt Kate zu, auch an Krebs zu leiden.

Auf den Spuren von Charles III.

Althorp House
Das Schloss befindet sich in Northamptonshire und ist seit 1508 im Besitz der Adelsfamilie Spencer. Das Haus ist bekannt geworden als Elternhaus (und Grablege) von Prinzessin Diana.

Balmoral
Schon als Kind häufig Aufenthalt von Prince Charles in den Sommerferien. Teilnahme an den Highland Games von Braemar.

Am 8. September 2022 starb hier Queen Elizabeth II. und der Prince of Wales wurde automatisch King Charles III.

Althorp House im Jahre 2006 (Foto: Andrew Walker).

Balmoral Castle von der Südseite gesehen (Foto: Stuart Yeates).

Broadlands
Der Landsitz von Louis Mountbatten, der seinem Neffen Charles sein Haus als „Liebesnest" für amouröse Abenteuer anbot.

Buckingham Palace, London
Am 14. Nov. 1948 wurde Prince Charles hier im Buhl Room geboren.
Im Jahr 2012 des diamantenen Thronjubiläums von Elisabeth II. und am 6. Mai 2023 begrüßten Charles III. und Queen Camilla von dem berühmten Balkon aus die jubelnde Menge unmittelbar nach ihrer Krönung in der Westminster Abbey.

Broadlands House im Jahre 2012 (Foto: Sammlung Korthals).

Die Königsfamilie auf dem Balkon des Buckingham Palace 2012 (Foto: Carfax2).

Cambridge
Charles studierte am Trinity College.

Cenotaph
Im Jahre 1920 errichtetes Kriegerdenkmal, heute zur Erinnerung an die Toten des Ersten und Zweiten Weltkriegs am Remembrance Day (Poppy Day), z. B. Kranzniederlegung am 12. Nov. 2023.

Universität Cambridge - Blick auf Clare College und King`s College Chapel. (Foto: Christian Richardt).

Der Cenotaph mit Kränzen 2015 (Foto: Harry Mitchell).

Clarence House
Seit 2002 offizieller Londoner Wohnsitz von Prince Charles und ab 2005 auch von Camilla als Duchess of Cornwall, ab 2023 auch von Charles III. und Queen Camilla.

Gordonstoun
In den Jahren 1962-67 besuchte Prince Charles diese Schule.

Clarence House ist offizieller Wohnsitz des Königspaares (Foto: ChrisO).

Gordenstoun House im Jahre 2006 (Foto: Nibaba).

Highgrove
Landgut mit Herrenhaus und mustergültig nach biologisch-organischen Prinzipien angelegtem Garten. Doughton südlich von Tetbury / Gloucestershire.

Im Jahre 1980 kaufte Prince Charles das Haus für 80.000 Pfund, ca. 30 Autominuten von Bolehyde Manor (Allington / Wiltshire), dem Landsitz seiner Mätresse Camilla Parker Bowles entfernt, die schon vor der Hochzeit mit Prince Charles 2005 in Highgrove als Hausherrin wirkte und sich für den organischen Gartenbau ohne Kunstdünger interessierte. Diana mochte Highgrove nicht, vor allem die Öko-Liebhaber (the Highgrove set), die sich hier trafen. Heute ist Highgrove neben Sissinghurst einer der interessantesten Gärten in England, der *„äußere Ausdruck meines Inneren“*, wie Prince Charles stolz behauptet.

Holyroodhouse Palace
Offizielle Residenz des Königs im schottischen Edinburgh.

Prince Charles und Präsident Isaac Herzog 2021 in Highgrove(Foto: Kobi Gideon / Government Press Office of Israel).

Eingangsfassade des Holyrood Palace (Foto: HygeriaK).

„Horse Guards Parade“
Hier wurde am 17. Juni 2023 der vorgezogene 75. Geburtstag von Charles III. mit der Fahnenparade „Trooping The Colour“ gefeiert.

Houses of Parliament / House of Lords
Hier eröffnet Charles III. alljährlich in feierlicher Zeremonie das Parlament und trägt die vom Premierminister ausgearbeitete „King`s Speech“ vor.

Foto oben: Horse Guards Parade als Teil der Fahnenparade „Trooping The Colour“ vor dem Old Admiralty Building mit dem Torbogen als offizieller Eingang zum St. James`s und Buckingham Palace (Foto: Eckehard Korthals).

Foto links: Blick zu den Houses of Parliament mit dem legendären Glockenturm „Big Ben“ (Foto: Sammlung Eckehard Korthals).

Kensington Palace
Von 1981 bis 1996 offizieller Wohnsitz von Prince Charles & Diana. Hier wurden Prince William und Prince Harry geboren.

Poundbury
Diese Ortschaft bei Dorchester in der Grafschaft Dorset ist eine seit 1993 in Bau befindliche Modellstadt zur Umsetzung der Grundsätze der nachhaltigen Entwicklung und der Gestaltungsgrundsätze, die Charles III. maßgeblich mitgestaltet.

Südfront des Kensington Palace mit dem Standbild Wilhelms III.
(Foto: Sheila Madhvani)

Straße in Poundbury (Foto: Richard Dorrell).

Sandringham
Privatbesitz der königlichen Familie in Norfolk. Hier verleben die Royals meist Weihnachten und Neujahr. Von hier aus wurde immer die Weihnachtsansprache der Queen, 2023 nach der Krönung von Charles III. vom Buckingham Palace übertragen.

St. James`s Palace
Ausrufung des neuen Königs vom Balkon des altehrwürdigen Palastes durch den obersten Wappenträger (Garter King of Arms) der Nation.

Foto oben: Abendstimmung beim Sandringham House (Westseite) (Foto: Mickyflick).

Foto links: Haupttor des St. James`s Palace (Foto: Tony Hisgett).

The Shand
Prince Charles war gegen diese Gigantomanie des Bauens.

Trafalgar Square
Protest von Prinz Charles gegen die bauliche Verunstaltung der National Gallery.

Foto rechts: Der alles überragende Wolkenkratzer „The Shard“ an der London Bridge war im Jahre 2014 mit 310 Metern das höchste Gebäude der Europäischen Gemeinschaft (Foto: Alexander93).

Foto unten: Das unverschandelte Hauptportal der National Gallery von Trafalgar Square aus gesehen (Foto: Diego Delso).

Westminster Abbey
Am 6. Mai 2023 feierliche Krönung und Salbung von Charles III. und danach Krönung von Queen Camilla.
Hier fand 2022 die Trauerfeier für Queen Elizabeth II. statt.

Westminster Abbey (Foto: Rabanus Flavus).

Windsor Castle / St. George`s Chapel
Als Charles III. nahm der neue König im September 2022 an den Trauerfeiern für die verstorbene Queen Elizabeth II. und der Beisetzung in dieser Kirche teil, wo auch Prince Philip 2021 seine letzte Ruhestätte fand.

Windsor Guildhall
Hier heiraten 2005 Prince Charles & Camilla.

St. George`s Chapel von Süden (Foto: Aurelien Guichard).

Abendstimmung an der Südseite der Windsor Guildhall mit Blick auf den Cornmarket (Foto: Wyrdlight.com).

Stammbaum vom Haus Stuart zum Haus Hannover

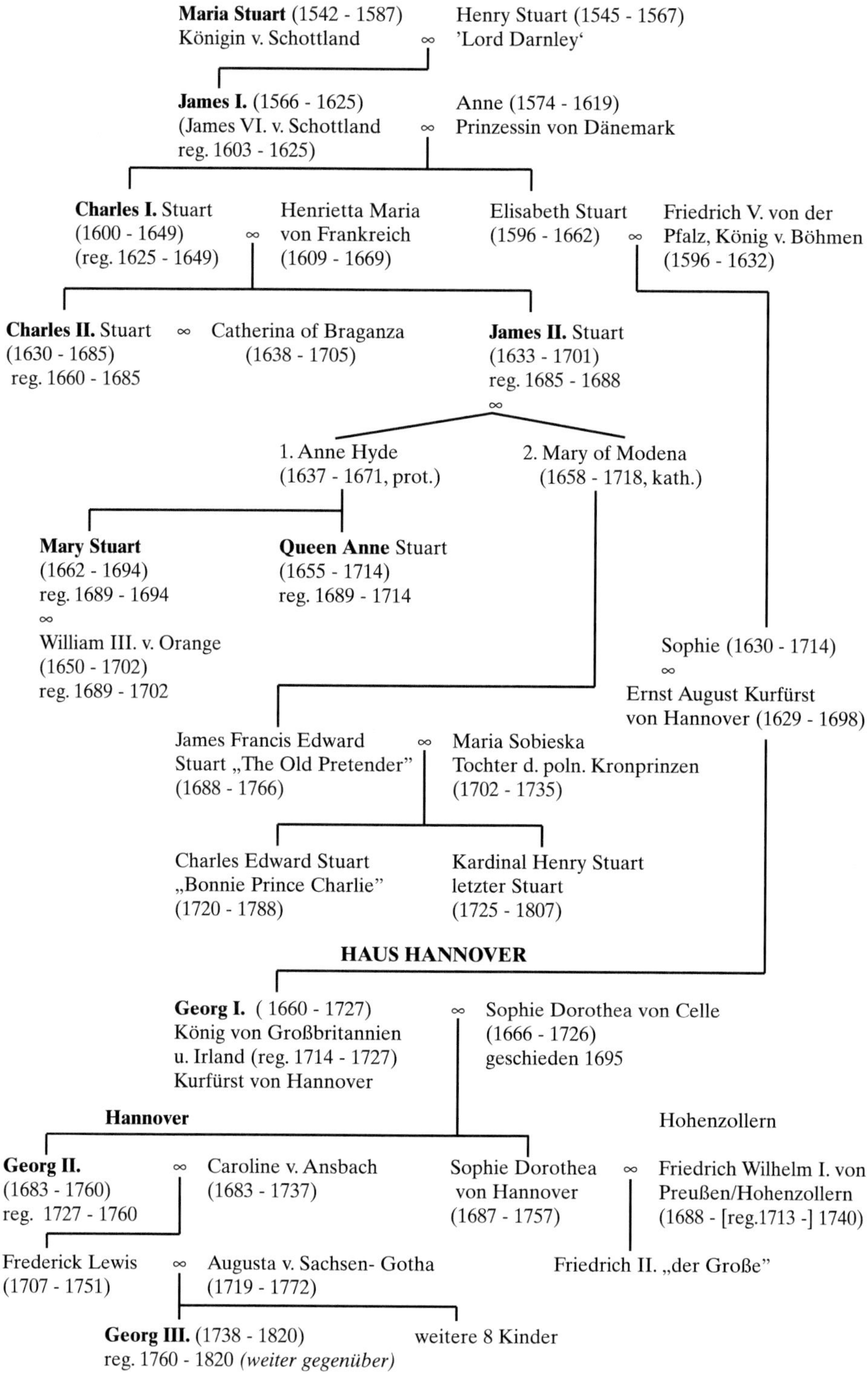

Stammbaum vom Haus Hannover zum Haus Sachsen-Coburg-Gotha (->Windsor)

Georg III. (1738 - 1820)
reg. 1760 - 1820
∞
Charlotte Sophia (1774 - 1818)
von Mecklenburg-Strelitz

1. **Georg IV.**
(1762 - 1830)
reg. 1820 - 1830
∞
Caroline v. Braun-schweig-Wolfenb.
(1768 - 1821)

Charlotte
(1796 - 1817)

2. Frederick
(1763 - 1827)
∞
Friederike
von Preußen
(1767 - 1820)

3. **William IV.**
(1765 - 1837)
reg. 1830 - 1837
∞
Adelheid von
Sachsen-Mein.
(1792 - 1849)

4. Charlotte
(1766 - 1828)
∞
Friedrich von
Württemberg
(1754 - 1816)

5. Edward
(1767 - 1820)
∞
Viktoria von
Sachsen-Co-burg-Saalfeld
(1786 - 1861)

6. - 15.

HAUS SACHSEN-COBURG-GOTHA

Queen Victoria (1819 - 1901)
Königin v. Großbritannien (ab 1837)
und Kaiserin von Indien (ab 1876)
∞
Albert von
Sachsen-Coburg-Gotha
(1819 - 1861)

1. Victoria (Vicky)
(1840 - 1901)
∞
Friedrich Wilhelm von
Preußen/ Kaiser Friedrich III.
Kaiser Friedrich III.
(1831 - 1888; reg. 1888)

Wilhelm von Preußen
Kaiser Wilhelm II.
(1859 - 1941)
reg. 1888 - 1918

2. **Edward VII.**
(1841 - 1910)
reg. 1901 - 1910
∞
Alexandra von
Prinzessin v. Dänemark
(1844 - 1925)

HAUS WINDSOR (ab 1917)

Georg V. Windsor
(1865 - 1936)
reg. 1910 - 1936
∞
Mary von Teck
(1867 - 1953)

Edward VIII. (1894 - 1972; reg 1936)
Herzog v. Windsor (1936 - 1972)
∞
Wallis Warfield Simpson
(1896 - 1986)

Georg VI. (1895 - 1952)
reg. 1936 - 1952
∞
Elizabeth Bowes-Lyon
(1900 - 2002, 'Queen Mum')

Elizabeth II. Königin v.
Großbritannien
(*1926; reg. 1952-2022)
∞
Prinz Philip
Mountbatten
(* 1921-2021)

Charles
(* 1948)
1. ∞
Diana Spencer
(1961 - 1997)
2. ∞
Camilla Parker Bowles
(* 1949)

William (* 1982)
Henry (Harry - * 1984)

Anne
(* 1950)

Andrew
(* 1960)

Edward
(* 1964)

3. Alice
(1843 - 1878)
∞
Ludwig IV. von Hessen-Darmstadt u. bei Rhein
(1837 - 1892)

Victoria von Hessen
(1863 - 1950)
∞
Louis Battenberg
(ab 1917 Mountbatten)
(1884 - 1921)

Alice Battenberg
(1885 - 1967)
∞
Andreas von Griechenland
(1882 - 1944)

4. - 9.

William (* 1982) Prince of Wales 2022	Henry (Harry - * 1984)
∞	∞
Kate Middleton (* 1981)	Meghan Markle (* 1981)
George (* 2013)	Archie Mountbatten-Windsor (* 2019)
Charlotte (* 2015)	Lilibet Mountbatten-Windsor ((* 2021)
Louis (* 2018)	

Die Battenbergs (Charles` deutsche Verwandte)

Das 1314 erloschene hessische Grafengeschlecht Battenberg wurde von Alexander von Hessen (1823-1911) reaktiviert. Alle seine Nachkommen durften jetzt den Titel **„von Battenberg“** (einer hessischen Kleinstadt an der Eder) tragen.

Als **Charles` Lieblingsonkel** sich am **2.5.1959** im Hotel Rohde (Battenberg) einquartieren wollte, stellte er sich dem Zimmermädchen Anni an der Rezeption mit: ***„Ich bin Louis, Prinz von Battenberg“*** vor. Anni hielt das für einen Witz und antwortete schlagfertig: ***„Sie gestatten. Ich bin die Kaiserin von China.“*** Die Battenbergerin hatte noch nie etwas von dem Adelstitel, geschweige denn von dem britischen Großadmiral Louis Mountbatten alias Battenberg gehört.

Ludwig Alexander von Battenberg, britischer Admiral und 1. Seelord, ab 1917 Louis Mountbatten (1854-1921) & Victoria von Hessen (1863-1953)

Alice Battenberg (1885-1969) ∞ Andrew von Griechenland (1882-1944)	Louise Battenberg (1889-1965) ∞ Gustav Adolf Schweden (1882-1973)	George Mountbatten Marquis of Milford Haven (1892-1938)	**Louis**, Admiral, Earl Mountbatten of Burma, Vizekönig von Indien (1900-1979) Von der IRA ermordet, Ziehvater von Philip

Margarita (1905-1981) ∞ Prinz Gottfried von Hohenlohe-Langenburg (1897-1960)	Theodora (1906-1969) ∞ Berthold Markgraf von Baden (1906-1963)	Cecil (1911-1937) ∞ Georg Donatus Großherzog von Hessen (1906-1937)	Sophie (1914-2001) ∞ 1) Christoph von Hessen (1901-1943) 2) Georg von Hannover (1915- ...)	Philip Mountbatten (1921-2021) ∞ Elizabeth II. (1926-2022) Charles III. (*1948- ...) (reg. 2022- ...)

Bildquellenverzeichnis

Seite 11: Prinz Charles mit seinen Eltern und Schwester Anne (1957). Wikipedia, gemeinfreies Bild.

Seite 16: Die internationale schottische Privatschule Gordonstoun. Foto: Anne Burgess, Wikipedia, Creative Commons Attribution-Share Alike 2.0 Generic license.

Seite 19: Universität Cambridge: Blick auf Trinity College, Gonville and Caius College, Clare College und King's College Chapel, fotografiert von St John's College Chapel. Foto: Bob Tubbs, Wikipedia, public domain.

Seite 20: Landsitz Broadlands House. Foto: Dr. Meierhofer (user), Wikipedia, Creative Commons Attribution-Share Alike 3.0 Unported license.

Seite 27: St. Paul's Cathedral im Januar 2010. Foto: Diliff, Wikipedia, Creative Commons Attribution-Share Alike 3.0 Unported license.

Seite 30: Charles und Diana in Brisbane (1983). Foto: Queensland State Archives, Wikipedia (flickr), gemeinfreies Bild.

Seite 33: Megastar Diana tanzt in der Eingangshalle des Weißen Hauses mit John Travolta im Jahr 1985 zu dem bekannten Bee Gees-Hit „Saturday night fever". Foto: United States Federal Government, Wikipedia, gemeinfreies Bild.

Seite 35, linkes Bild: Andrew Morton im Jahre 1989. Foto: Open Media Ltd., Wikipedia, Creative Commons Attribution-Share Alike 3.0 Unported license.

Seite 38: Im „Schreckensjahr" von Elizabeth II. (1992) waren außer den beiden familiären Scheidungen auch die Stillegung ihrer Luxusjacht „Brittania" zu verkraften. Foto: Foto: Ben Salter, Wikipedia, CC BY-SA 2.0.

Seite 40: Nach der Trennung von Prince Charles wandte engagierte sich Diana für wohltätige Zwecke, reiste in Krisengebiete und setzte sich u. a. für die Ächtung von Landminen ein. Foto: Nick Parfjonow, Wikipedia, gemeinfreies Bild.

Seite 45: Hotel Ritz, Paris. Foto: Arthur Weidmann, Wikipedia, Creative Commons Attribution-Share Alike 4.0 International license.

Seite 51, linkes Bild: Mohamed Al-Fayed (2011). Foto: Abi Skipp, Wikipedia, Creative Commons Attribution 2.0 Generic license.

Seite 51, rechtes Bild: Charles Spencer (9. Earl Spencer), der jüngere Bruder der 1997 gestorbenen Diana. Foto: Edwardx, Wikipedia, Creative Commons Attribution-Share Alike 4.0 International license.

Seite 53, oberes Foto: Ehrenhof in Althorp House im Jahre 2016. Foto: Daderot, Wikipedia, Creative Commons CC0 1.0 Universal Public Domain Dedication.

Seite 53, unteres Foto: Grabinsel und Gedenktempel für Prinzessin Diana in Althorb. Foto: James Denham, Wikipedia, Creative Commons Attribution-Share Alike 2.0 Generic license.

Seite 55: Prinzessin Diana mit ihrem letzten Partner Dodi Al-Fayed, Gedenkschrein im Londoner „Harrods". Foto: Bobak Ha `Eri, Wikipedia, CC BY-SA 3.0 Unp.).

Seite 60, linkes Bild: Princess Margaret, Countess of Snowdon (1930-2002), war die jüngere Schwester der Königin Elisabeth II. und Tochter von König Georg VI. und Königin Elizabeth. Foto: David S. Paton, Wikipedia, Creative Commons Attribution-Share Alike 3.0 Unported license.

Seite 60, rechtes Bild: Queen Mum. Foto: Allan Warren, Wikipedia, Creative Commons Attribution-Share Alike 3.0 Unported license.

Seite 63: Innenhof der Universität St. Andrews, die zu den ältesten und renommiertesten Universitäten Großbritanniens zählt. Foto: Holger Uwe Schmitt, Wikipedia, Creative Commons Attribution-Share Alike 4.0 International license.

Seite 64: Die Prinzen Harry und William besuchten in den Jahren 2005 und 2006 die Royal Military Academy in Sandhurst, wo sie genauso behandelt wurden wie alle anderen Kadetten. Foto: Simon Johnston, Wikipedia, CC BY-SA 2.0 gen.

Seite 67: Im Somerset House, einem klassizistischen Gebäude im Zentrum von London, lud erstmals Camilla Prince Charles als Ehrengast zu einer Jubiläumsveranstaltung ein (Foto: Stephen Richards, Wikipedia, CC BY-SA 2.0 gen.).

Seite 71, oberes Foto: Prinzessin-Diana-Gedenkbrunnen im Londoner Hydepark. Foto: Uli Harder, Wikipedia, Creative Commons Attribution-Share Alike 2.0 Generic license.

Seite 71, unteres Foto: Prinzessin-Diana-Gedenkbrunnen im Londoner Hydepark in naher Ansicht. Foto: Cristian Bortes, Wikipedia, Creative Commons Attribution 2.0 Generic license.

Seite 74: Kate Middleton im Jahre 2008. Foto: Nick Warner, Wikipedia, Creative Commons Attribution 2.0 Generic license.

Seite 75: William und Catherine am Tag ihrer Hochzeit am 29. April 2011. Foto: Magnus D, Wikipedia, Creative Commons Attribution 2.0 Generic license.

Seite 80: „Trafalgar Square" in London im Jahre 2009. Foto: Diliff, Wikipedia, Creative Commons Attribution-Share Alike 3.0 Unported license.

Seite 82: Der „seelenlose“ Hochhauskomplex von Vanary Wharf, hier von Greenwich aus gesehen, hatte auf den traditionsbewußten „Rebel Prince“ eine durchaus abschreckende Wirkung. Foto: The wub, Wikipedia, CC BY-SA 4.0 int.

Seite 83: Die britische Ortschaft Poundbury bei Dorchester in der Grafschaft Dorset, hier ein kleiner Teil der Wohnhäuser mit einem Spielplatz für Kinder, ist eine seit 1993 in Bau befindliche Modellstadt zur Umsetzung der Grundsätze der nachhaltigen Entwicklung und der Gestaltungsgrundsätze, an welcher der „Rebel Prince“ maßgeblich an der Konzeption und Umsetzung beteiligt war und die er später in seinem Buch „A Vision Of Britain“ einem größeren Publikum vorstellte. Foto: Marilyn Peddle / Children`s playground, Wiki., CC BY-SA 2.0.

Seite 85, linkes Bild: Elizabeth II. (2019). Foto: Andrea Hanks, Wikipedia, gemeinfreies Bild.

Seite 85, rechtes Bild: 16 Charles III. (2023). Wikipedia, gemeinfreies Bild.

Seite 86: Der Oberste Wappenträger rief vom Balkon des St. James Palace den Kronprinzen offiziell zum „King Charles III.“ aus. Foto: Elisa.rolle, Wiki., CC SA-BY 3.0.

Seite 87: Victoria am Morgen des 20. Juni 1837, dem Tag der Thronbesteigung, gemalt von Henry Tanworth Wells (1828–1903). Wikipedia, gemeinfreies Bild.

Seite 89: Die Mitglieder der königlichen Familie im der Trauerprozession zur Westminster Hall. Foto: UK Government Wikipedia, , CC SA-BY 2.0 gen.

Seite 90: Öffentliche Aufbahrung von Elizabeth II. in der Westminster Hall. Foto: Katie Chan, Wikipedia, CC SA-BY 4.0 int.

Seite 91, linkes Foto: Wallis Simpson im Jahre 1936. Foto: English Photographer None of the sources name the photographer, they presumably would if he was known, Wikipedia, public domain.

Seite 91, rechtes Foto: Alice Keppel auf einem Gemälde eines unbekannten Malers, Öl auf Leinwand, um 1890/1900. Foto: Wikipedia, public domain.

Seite 93, linkes Foto: Liz Truss (2022). Foto: Simon Dawson, Wikipedia, file is licensed under the United Kingdom Open Government Licence v 3.0.

Seite 93, rechtes Foto: 105 Rishi Sunak (2022). Foto: Prime Minister`s Office, Wikipedia, file is licensed under the United Kingdom Open Government Licence v 3.0.

Seite 95: 114 Prinz Harry und Meghan Markle im Jahre 2017. Foto: Mark Jones, Wikipedia, Creative Commons Attribution 2.0 Generic license.

Seite 98: Frogmore Cottage auf dem Gelände von Frogmore House im Park von Windsor Castle. Foto: Thomas Ingram (d. 1872), Wikipedia, public domain.

Seite 99, linkes Foto: Kate, Princess of Wales im Jahre 2023. Foto: Ian Jones (Buckingham Palace reception), Wikipedia, Creative Commons Attribution 2.0 Generic license.

Seite 99, rechtes Foto: Meghan Markle im Jahre 2022. Foto: U.S. Embassy The Hague, This file has been extracted from another file: Team U.S. and Team Ukraine Welcome Event (15 April 2022), 04.jpg, Wikipedia, public domain.

Seite 102: Als Thronfolger war Prince Charles schon mehrere Male in Deutschland, wie auch 1987 mit seiner damaligen Ehefrau Diana in Bonn bei Bundeskanzler Helmut Kohl und dessen Frau Hannelore (Foto: Bundesregierung / Schaack).

Seite 105, oberes Foto: Berlin, 29. März 2023: Ankunft auf dem Flughafen Berlin-Brandenburg: Am Nachmittag landete das Flugzeug mit König Charles und Königin-Gemahlin Camilla in Deutschland (Foto: Bundesregierung / Schacht).

Seite 105, unteres Foto: Am Brandenburger Tor empfängt Bundespräsident Frank-Walter Steinmeier den neuen britischen Monarchen (Foto: Bundesreg. / Denzel).

Seite 107: Bei seiner Tischrede bekennt sich der König zur deutsch-britischen Zusammenarbeit: *„Ich kann Ihnen nur versichern, dass ich in der Zeit, die mir als König vergönnt sein wird, alles tun werde, um unsere Beziehungen weiter zu stärken“* (Foto: Bundesregierung / Bergmann).

Seite 110: Der König besucht in der Gemeinde Chorin den Biobetrieb Ökodorf Brodowin und wird vom Eigentümerpaar Ludolf und Katja von Maltzan empfangen, die ihn durch die Molkerei des Hofs führen (Foto: Bundesregierung / Bergmann).

Seite 111, oberes Foto: König Charles III. auf dem Balkon des Hamburger Rathauses (März 2023). Foto: Minzoblate, Wikipedia, Creative Commons Attribution-Share Alike 4.0 International license.

Seite 111, unteres Foto: Vom Balkon des Hamburger Rathauses bietet sich ein einzigartiger Ausblick auf die vielen Schaulustigen (Foto: Bundesregierung / Denzel).

Seite 112: Ein Teil der königlichen Insignien: Zwei Zepter, Reichsapfel, Ring und das wichtigste Prunkstück der Kronjuwelen - die Edwardskrone. Foto: UK government, Wikipedia, public domain.

Seite 115: Der Krönungsstuhl (Coronation Chair) ohne den Stone of Scone. Foto: Darkmaterial, Wikipedia, CC SA-BY 4.0 int.

Seite 116: Die „Goldene Ampulle“ mit dem Salbungsöl und davor der Coronation Spoon. Foto: Cyril Davenport, Wikipedia, gemeinfreies Bild.

Seite 119: Bis auf einige Proteste auf dem Trafalgar Square blieb am Krönungstag alles ruhig und friedlich. Foto: Alisdare Hickson, Wikipedia, CC BY-SA 2.0 gen.

Seite 121: Das Königspaar verließ den Buckingham Palace und fuhr in der bequemen, dreispännigen Diamond Jubilee-Staatskutsche zur Westminster Abbey. Foto: Katie Chan, Wikipedia, CC BY-SA 4.0 Int.

Seite 124: Ein Rückblick: 70 Jahre vor der Krönung von Prince Charles zu König Charles III. wurde seine Mutter zur Königin Elizabeth II. mit der gleichen Zeremonie im Jahre 1953 gekrönt. Foto: Cecil Beaton, Wikipedia, gemeinfreies Bild.

Seite 127, oberes Bild: Nach dem Ende der Krönungszeremonie fuhr das neue Königspaar in der von acht Pferden gezogenen Goldenen Staatskutsche zurück zum Buckingham Palace. Foto: Katie Chan, Wikipedia, CC BY-SA 4.0 Int.

Seite 127, unteres Bild: Auf dem berühmten Balkon des Buckingham Palace verabschiedeten sich Charles & Camilla von den jubelnden Menschen. Foto: Department of Culture, Media und Sport, Isaac Mayne, , Wikipedia, gemeinfreies Bild.

Seite 128: Am Tag nach der Krönungszeremonie, dem 7. Mai, fanden bei gutem Wetter Jubelfeiern, Straßenfeste und die traditionellen „Coronation Lunch Parties“ statt. Foto: Chiral Jon, Wikipedia, CC BY-SA 2.0 gen.

Seite 133: Die Prachtstraße „The Mall“ in London bei der Parade "Trooping the Colour" 2018. Foto: Cpl Stephen Harvey, Wikipedia, This file is licensed under the Open Government Licence version 1.0 (OGL v1.0).

Seite 134: 94 Nell Gwyn als Venus auf einem Gemälde von Peter Lely 1618-1680) zwischen 1665 und 1670. Foto: Wikipedia, public domain.

Seite 136, oberes Foto: Der 17 Hektar große Garten hinter dem Buckingham Palace soll Charles III. zufolge nach ökologischen Gesichtspunkten bewirtschaftet werden. Foto / Luftaufnahme: Brendan und Ruth McCartney, Wiki., CC BY-SA 2.0 gen.

Seite 136, unteres Foto: Szene am kleinen naturbelassenen See im Garten des Buckingham Palace. Foto: amandabhslater, Wikipedia, CC BY-SA 2.0 gen.

Seite 139: Kranzniederlegung am Remembrance Sunday, dem Volkstrauertag für die gefallenen Soldaten der beiden Weltkriege, am Londoner Cenotaph im Jahre 2010. Foto: Sgt. Dan harmer, RLC, Wiki., Open Government License, Version 1.0.

Seite 144: 185 Sandringham House. Foto: John Fielding, Wikipedia, Creative Commons Attribution 2.0 Generic license.

Seite 145: Straßenfront der renommierten „London Clinic“, in der Charles III. und Princessin Kate operiert wurden. Foto: The Frog001, Wikipedia, CC0 1.0.

Seite 147: 33 „Monströse Kröpfe bei einem neuen Koalitionsmahl“: Karikatur von James Gillray (1787), die den späteren Georg IV. mit Straußenfedern geschmückt zwischen seinen Eltern zeigt. Wikipedia, gemeinfreies Bild.

Seite 149: Noch Monate vor ihrer schwierigen „Bauchoperation“ und der späteren Krebsdiagnose mit anschließender Chemotherapie zeigte sich Princessin Kate mit strahlendem Lächeln im Mai 2023. Foto: Ian Jones, Wikipedia, CC BY-SA 2.0.

Seite 152: König Charles III. mit seiner schwarzen Stute „Noble“ bei der Parade „Trooping the Colour“ im Jahre 2023. Foto: Katie Chan, Wikipedia, CC BY-SA 4.0 int.

Seite 157, oberes Foto: Althorp House in Northamptonshire im Jahre 2006. Seit 1508 im Besitz der Adelsfamilie Spencer. Bekannt wurde es als Elternhaus (und Grablege) von Prinzessin Diana. Foto: Andrew Walker, Wikipedia, Creative Commons Attribution-Share Alike 3.0 Unported license.

Seite 157, unteres Foto: Balmoral Castle von der Südseite gesehen. Foto: Stuart Yeates, Wikipedia, Creative Commons Attribution-Share Alike 2.0 Generic license.

Seite 158, unteres Foto: Die Königsfamilie auf dem Balkon des Buckingham Palace (Juni 2012). Foto: Carfax2, Wikipedia, Creative Commons Attribution-Share Alike 3.0 Unported license.

Seite 159, oberes Foto: Universität Cambridge - Blick auf Clare College und King's College Chapel. Foto: Christian Richardt, Wikipedia, Creative Commons Attribution-Share Alike 3.0 Unported license.

Seite 159, unteres Foto: Der Cenotaph mit Kränzen 2015. Foto: Harry Mitchell, Wikipedia, CC-BY-SA 4.0 Int.

Seite 160, oberes Foto: Clarence House in London. Foto: ChrisO, Wikipedia, Creative Commons Attribution-Share Alike 3.0 Unported license.

Seite 160, unteres Foto: Gordenstoun House im Jahre 2006. Foto: Nibaba, Wikipedia, CC BY-SA 3.0.

Seite 161, oberes Foto: Prince Charles und Präsident Isaac Herzog 2021 in Highgrove. Foto: Kobi Gideon / Govern. Press Office of Israel, Wiki., CC BY-SA 3.0 Unp.

Seite 161, unteres Foto: Eingangsfassade des Holyrood Palace. Foto: HylgeriaK, Creative Commons Attribution-Share Alike 3.0 Unported license.

Seite 163, oberes Foto: Südfront des Kensington Palace mit dem Standbild Wilhelms III. Foto: Sheila Madhvani, Wikipedia, Creative Commons Attribution-Share Alike 2.0 Generic license.

Seite 163, unteres Foto: Straße in Poundbury. Foto: Richard Dorrell, Wikipedia, CC BY-SA 2.0 gen.

Seite 164, oberes Foto: Abendstimmung an Sandringham House (Westseite). Foto: Mickyflick, Wikipedia, CC BY-SA 3.0.

Seite 164, unteres Foto: Haupttor des St James's Palace. Foto: Tony Hisgett, Wikipedia (Flickr), Creative Commons Attribution 2.0 Generic license.

Seite 165, oberes Foto: The Shard (2014) war das höchste Gebäude der EU. Foto: Alexander-93, Wikipedia, Creative Commons Attribution-Share Alike 4.0 International license.

Seite 165, unteres Foto: Das unverschandelte Hauptportal der National Gallery von Trafalgar Square aus geshen. Foto: Diego Delso, Wikipedia, CC BY-SA 4.0 int.

Seite 166: Westminster Abbey. Foto: Rabanus Flavus, Creative Commons Attribution-Share Alike 4.0 International license.

Seite 167, oberes Foto: St George's Chapel von Süden. Foto: Aurelien Guichard, Wikipedia, Creative Commons Attribution-Share Alike 2.0 Generic license.

Seite 167, unteres Foto: Abendstimmung an der Südseite der Windsor Guildhall mit Blick auf den Cornmarket. Foto: Wyrdlight.com., Wikipedia, CC BY-SA 3.0 Unp.

Weitere Bücher von Eckehard Korthals

Eckehard Korthals

Alles über Scotch Whisky

Aktueller Ratgeber und Geschmacksführer - Reisebegleiter zu den schottischen Destillerien - Wörterbuch der Whiskysprache

Das Whisky-Kompendium von Eckehard Korthals für Whiskykenner und Neueinsteiger, in zweiter, überarbeiteter und erweiterter Auflage, ist nicht nur aktueller Ratgeber und Geschmacksführer, sondern auch fesselnder kulturhistorischer Begleiter zu allen großen schottischen Destillerien von der „Whisky-Hauptstadt" Dufftown bis zu den entlegenen Orkneys.

Der Autor, welcher durchaus ein Kenner des legendären schottischen Nationalgetränks ist, wartet mit einer Fülle von spannenden Geschichten und Insider-Informationen auf, die selbst einen „Nicht-Whiskylogen" in ihren Bann ziehen. Korthals spannt dabei den Bogen von der geschichtlichen Entwicklung über die Herstellungsmethoden bis zum Besuch einzelner Destillerien und hat dabei so manchen Tipp, wo man welchen Whisky kaufen sollte und stellt auch detaillierte Preis- und Geschmacksvergleiche auf. - Ein ABC aller wichtigen Malts, Grains und Blends rundet den Band ab. Das „Wörterbuch der Whiskysprache" erleichtert dem Whiskykenner und auch den Neueinsteiger, sich im Grammatik-Dschungel der aus englischen, gälischen und schotttischen Ausdrücken zusammengesetzten Fachsprache zurechtzufinden.

Zweite überarbeitete u. erweiterte Auflage, 320 Seiten, viele Farb- und Sw-Abbildungen, Wörterbuch der Whiskysprache, Preis-Tabellen, Tourvorschlägen, Verzeichnis der Whisky-Adressen, Literaturverzeichnis, Hardcover, gebunden, 16,5 x 24,5 cm

ISBN 978-3-934673-10-6

Eckehard Korthals

Alles über Scotch Whisky

Das Buch in 2. überarbeiteter Auflage mit „Whisky-Probe-Set" im Geschenkkarton

Für alle Leser, die von sich glauben, dass das Studium des Buches sie neugierig und durstig macht, liefern wir das Buch mit dem „Whisky-Probe-Set". Dieses enthält die drei ausgesuchten und hochwertigen Whiskys „Buchanan`s de luxe", „Long John" und „Whyte & Mackay" in Miniaturflaschen zum nachhaltigen Geschmackserlebnis.

Buch und Set sind in einem weißen Geschenk-Karton mit farbigem Cover-Aufdruck verpackt, dessen Maße betragen (L, B, H) 25,0 x 25,0 x 10,0 cm

ISBN 978-3-939856-55-9

Eckehard Korthals

Rob Roy Mac Gregor

Schottlands legendärer Robin Hood

Dieses spannende Sachbuch begibt sich auf die Spuren von Rob Roy, einer der zwiespältigsten Figuren der schottischen Geschichte.

Einerseits wird Rob Roy Mac Gregor als unerschrockener Kämpfer für die Ehre der Highlander und zu Unrecht verfolgter Outlaw verklärt, andererseits aber gilt er als hinterhältiger Gauner und jakobitischer Verräter. Eckehard Korthals, den Lesern bekannt als Autor verschiedener kulturgeschichtlicher Bücher, kennt die vielfältigen Anekdoten, die sich um den berühmten Freibeuter, der auch als „schottischer Robin Hood" bezeichnet wird, ranken und vermag es, in spannender Weise die Legenden, Fälschungen und Klischees aufzudecken und in den richtigen historischen Zusammenhang zu rücken. Zudem stellt dieses unterhaltsame Buch zugleich einen unverzichtbaren Reiseführer bei Schottland-Touren auf den Spuren von Rob Roy dar.

208 Seiten, Farb- und sw-Abbildungen, Daten zur schottischen Geschichte, touristische Hinweise zum Besuch der historischen Stätten u. Literaturverzeichnis, Hardcover, gebunden, 16,5 x 24,5 cm

ISBN 978-3-939856-01-6

Eckehard Korthals

Schottland

Ein kulturhistorischer Reiseführer zu schottischen Sehenswürdigkeiten und ihre wahren Geschichten

Einen reichen Schatz an lesens- und wissenswerten Geschichten rund um die Kultur und Geschichte sowie alle wichtigen Sehenswürdigkeiten Schottlands präsentiert der Autor abseits ausgetretener Reiseführerpfade.

Eckehard Korthals kennt die wahren Hintergründe so mancher Sehenswürdigkeit und den tatsächlichen Lebensweg unvergessener Personen und vermag feststehende Legenden, Fälschungen und Klischees aufzudecken und in den richtigen Zusammenhang zu rücken. So ist dieses unterhaltsam-informative Buch über eine der faszinierendsten Gegenden Europas aktuelle Reisebeschreibung, kompetenter kulturhistorischer Führer und vergnügliche Anekdotensammlung zugleich.

Der Band, welcher in 2., ergänzter und überarbeiteter Auflage mit einem ausführlichen Literatur- und Ortsverzeichnis erscheint, findet bei schottischen „Neueinsteigern", Reisefreudigen, die das besondere Erlebnis erwarten und „Insidern" der schottischen Geschichte großen Anklang. Erscheint in 2. überarbeiteter Auflage

370 Seiten, viele Farb- und schwarz-weiß-Abbildungen, Orts- und Literaturverzeichnis, Hartcover, gebunden, 16,5 x 24,5 cm

ISBN 978-3-934673-70-0

Eckehard Korthals

Die Windsors

Die deutschen Wurzeln des britischen Königshauses von Georg I. bis Elizabeth II.

Die in den letzten Jahrzehnten besonders durch den Personenkult um Prinzessin Diana bekanntgewordene britische Herrscherdynastie kann auf eine jahrhundertelange Tradition zurückblicken. Dabei ist bisher fast unbekannt geblieben bzw. wurde bewußt in den Hintergrund gestellt, dass dieses Königshaus deutschstämmige Wurzeln hat. - Anschaulich, packend und objektiv schildert der Autor dabei das Leben der Könige und Königinnen von 1714 bis zur Gegenwart: Glanz und Glamour der Regenten werden hinterfragt und oft eröffnet sich dem Leser eine Welt der Lasterhaftigkeit, des Mätressentums und staatsmännischer Borniertheit.
Wer an einem ganzheitlichen, ungeschminkten Bild der Windsors interessiert ist, kommt an diesem Buch nicht vorbei. Es richtet sich an breiteste Leserschichten und ist für den Geschichtsinteressierten wie auch für Mythen- und Adelsforscher von nachhaltigem Wert. Als wichtige Ergänzung des Bandes sind die touristischen Hinweise hinter jedem Kapitel zu verstehen, die gegenwärtige Besichtigungsmöglichkeiten der im Buch aufgeführten historischen Handlungsplätze möglich machen.

Zum Inhalt: Georg I. - der erste Deutsche auf dem britischen Thron; Georg II. - der Sieger von Dettingen; Georg III. - der geisteskranke König?; Georg IV. - der lasterhafte Regent; William IV. - der letzte hannoversche König auf dem britischen Thron; Queen Victoria und Albert - Begründer des britischen Herrscherhauses Sachsen - Coburg - Gotha; Edward VII. - der frankophile Bonvivant aus dem Hause Sachsen - Coburg - Gotha; Georg V. - der Begründer des Hauses Windsor; Edward VIII. - der König, der aus Liebe abdankte; Georg VI. - vom widerstrebenden zum rechtschaffenen König; Elizabeth II. - pflichtbewußte Monarchin im Schatten der „Königin der Herzen“.

340 Seiten, schwarz-weiß- und Farbabbildungen, Stammtafeln und Literaturarchiv, Daten zur Geschichte, Hardcover, gebunden, 16,5 x 24,5 cm

ISBN 978-3-939856-32-0

Eckehard Korthals

London

vor & nach Brexit & Corona

Das Buch ist ein kritischer, politisch brisanter, amüsanter, leicht satirischer Reiseführer von A bis Z, auf vielfachen Wunsch die erweiterte bzw. aktualisierte deutsche Fassung von sechs erfolgreichen Taschenbüchern des Autors in englischer Sprache.

Über die objektive Beschreibung von Londoner Sehenswürdigkeiten hinaus enthält der umfangreiche Band eine Reihe von zusätzlichen Erzählungen, Anekdoten und satirischen Bemerkungen, die sich auf das aktuelle Zeitgeschehen beziehen. Nicht alles ist Gold, was in dieser Riesenstadt glänzt. Es lohnt sich, auch die dunkle Seite aufs Korn zu nehmen, so zum Beispiel Filz und Korruption in der Politik, sexueller Mißbrauch in Staat und Kirche, Migrations- und Integrationsprobleme, muslimische Clangesellschaften mit Sharia-Recht, islamischer Terror, Jugendkriminalität und Messerattacken, Wohnungsnot und leerstehende Milliardärsappartements, Studentenproteste, Fettleibigkeit, Komasaufen ect.

Obgleich eine Mehrheit von 52 % am 23. Juni 2016 für den Brexit gestimmt hat, entschieden sich 60 % der Londoner bei dem Referendarum für den Verbleib in der Europäischen Union. Die Großstädter bewiesen damit, dass London eine weltoffene, multikulturelle, farbige und wirtschaftlich unabhängige, starke Metropole ist, die sich nicht von Europa abschotten will. Auch nach dem Brexit und Corona wird London immer einer der faszinierndsten Hauptstädte der Welt bleiben.

Zum Inhalt (London von A bis Z: Airports, Albert Hall, Arsenal London (Football Club), Baker Street (Madame Tussaud`s, Sherlock Holmes Museum), Bank of England, Beauchamp Place, Buckingham Palace (The Royal Mews, Queen Victoria Memorial, British Museum, Chelsea London (Football Club), Chinatown (Restaurant, British food in London), City Hall (Die Standbilder von Georg VI. und Queen Mum, Clarence House neben St. James`s Palace, Downing Street No. 10 (Premierminister in Downing Street seit 1940: Winston Churchill, Margaret Thatcher, Tony Blair, David Cameron, Theresa May, Boris Johnson), Foyles (Bookshop), Gherkin (Wolkenkratzer), Harley Street, Harrods (Kaufhaus), Harrow-on-the-Hill (Privatschule), Highgate Cemetery East (Friedhof), Hyde Park mit Speakers` Corner, Imperial War Museum, Kensington Palace, London Bridge, London Eye, Mansion House, Monument, Natural History Museum, Parliament Square, Parliament (The House of Commons, The House of Lords), St. Paul`s Cathedral, Ritz (Hotel), Science Museum, Shard (Wolkenkratzer), St. Thoma`s Hospital und das Florence Nightingale Museum, Tottenham Hotspur (Football Club), Trafalgar Square, Tube (Röhre für Londoner U-Bahn), Victoria & Albert Museum, Waterloo Place, Wembley Stadion, Westminster Abbey, Westminster Cathedral, Wimbledon, Winfield House, Zoo London.

300 Seiten, Farb- u. sw-Abbildungen, mit einem Datenüberlick zum Thema Brexit und einem Fachbegriffsverzeichnis, gebunden, 16,5 x 24,5 cm

ISBN 978-3-939856-86-3